出稼ぎ派遣工場

自動車部品工場の光と陰

池森憲一

社会批評社

まえがき

二〇〇七年、トヨタは生産台数世界一になり、愛知県の有効求人倍率は、何十カ月も全国一位を続けていた。同年度のトヨタの営業利益は二兆二〇〇〇億円を超え、六年連続で過去最高益を記録した。また、トヨタと並行して主要部品メーカーも増収増益を続けていた。

企業の利益をもたらすコスト減は、トヨタのいわゆるジャストインタイム生産方式（必要な物を、必要な時に、必要な量だけ生産する）によっていたことは言うまでもない。では、物を作るための人材確保を可能にしていたのは何だったか。それもまた、ジャストインタイム人材確保方式（必要な人手を、必要な時に、必要な数だけ供給する）と言えるものだった。

つまり、二〇〇四年の労働者派遣法改正により解禁になった製造業派遣である。「年齢不問」「経験不問」「学歴不問」「外国人可」……。こういう求人により、北海道や東北・沖縄から、また地球の反対側のブラジルから、一年中いつでもどこへでも、ピンポイントで「ゲンダイの出稼ぎ労働者」は工場へ送り込まれるようになった。

これら二つのジャストインタイム方式によって、愛知県の製造業が好景気に沸いていた二〇〇七年二月、私は愛知県のある自動車部品工場で派遣労働者として働き始めた。これは、その工場で働いていた「ゲンダイの出稼ぎ労働者」＝派遣労働者たちの物語である。「派遣切り」、「派遣村」という言葉も存在せず、景気対策など、まだ誰も語っていなかったころの話しである。

二〇〇九年一〇月

著者

目次

第三章　出稼ぎのブラジル人労働者たち　75

第四章　自動車部品製造ライン　111

第一章　人材派遣会社

工場見学

名古屋駅から東海道本線の快速に乗り、約二〇分でJR刈谷駅に着く。そこから、さらに一〇分ほど歩いた商業ビルの五階に、人材派遣会社・小松開発工業はあった。

約束の時間に着いたが、担当の営業の男性は外出中でまだいない。受付の女性に名前を言うと、遮へいで仕切られた面接室のようなところへ案内された。オフィスは結構広々としていて明るい雰囲気。すぐ近くからは、電話で応対している人の話し声が聞こえる。ポルトガル語らしき言葉でしゃべっている。

しばらくすると、営業の男性がやってきた。私と同じ三〇代前半くらいのその男性は、さっそく机の上に地図を広げ説明を始める。その地図は知多半島を含んでいて、名古屋市出身の私にとってはよく見なれた愛知県の中心部、西三河地域のものだ。

「今すぐ空きがあるところとしては……」

そう前置きすると、東刈谷にあるジェイテクトという会社を紹介した。東刈谷はここからすぐ近くだ。でも、ジェイテクトという会社は聞いたことがない。仕事内容は「プチプチのヤツに製品を包んでいく」作業で、これをやっているのは五人くらいだという。そして、こうつけ加えた。「こういっちゃなんだけど、結構ラクな仕事ですね」。五人しかおらずラクな仕事と聞いて、私は遠慮する。

ラクでなくても構わない。もっと人がたくさんいる職場はないかと聞いてみる。営業の人は東浦町にあるアイシン高丘と、高浜市にあるジェイテクトをあげた。東浦町や高浜市といった地名を聞いたことはあるが、どこにあるのかまではよく知らない。そして、また「ジェイテクト」だ。はじめに紹介した会社の別の工場らしく、「ここはわりとワイワイできますよ」と、そこの雰囲気を説明した。私はさっそく、その二つの工場を見せてもらうことにした。

営業の人の車で、まずはアイシン高丘の工場へ向かう。パチンコやコンビニの並ぶ片道一車線の道を、ほとんどぶつかりそうな勢いでトラックが何台も通り過ぎる。今から見に行く工場には、どれほどたくさんのブラジル人がいるのだろうか。知らない道に徐々に緊張が高まる。

工場へは一五分くらいで着いた。今は二月の下旬。車から降りると冷たい風が顔に吹きつけてくる。守衛室を通り、私たちは工場の中へ入る。油のきつい臭いがする。「ダメ？　こういう臭い」と営業の人が聞いてきた。アルミのかたまりが、大きなカゴの中にたくさん入っている。ここでの仕事は、その製品の周りに付いているバリ（角のささくれ）を取り除く作業だという。近くの人を見てみると、一つひとつ流れてきたものをハンマーとヤスリを使って削り取っている。ブラジル人は何人も働いているそうだが、募集のある現場はグループでの作業ではなく、一人で受け持つ仕事だそうだ。「一人」という言葉に私はガッカリする。

そこから車で一〇分くらい走って、高浜市にあるジェイテクト田戸岬工場へ。広々とした駐車場の先のロビー横の通路を抜け、工場内へ入る。中も先ほどの工場とは比べものにならないくらい広い。建物は端から端までが見えない、どでかい要塞のようだ。こもった空気は少し生暖かく、油の臭いがしっかりする。そして、様々な金属がぶつかり合う音が天井から響いてくる。こんな大きな工場に私は生まれて初めて入った。想像していた以上にこれぞ自動車工場だ！

この工場の中へ入ってまず目に飛び込んできたのは、天井からつり下げられた黄色い大きな看板だ。そこには「安全・品質」とか、「慣れた作業もしっかり確認」などと書かれている。その下にはポルトガル語で同じことが書いてある。この看板一つで、この工場にはブラジル人がかなりいるのがわかる。営業の人の後ろにくっついていって、募集があるというラインへ向かう。

途中チラッと見える他のラインも気になる。機械・製品・人、それらすべてがぐちゃぐちゃに見えるが、けれども規則正しく動いている。そんなラインが何本も並んでいる。ブラジル人らしき者も何人かいる。このラインでは、自動車のタイヤの駆動部分を作っているそうだ。予想はしていたが、どのラインを覗いてみてもかなりみんな手が速い。速いというより、考える間もなく手が勝手に動いているという感じで、黙々と工作機械に対応している。どの工場へ行ったときでもそうだが、初めて現場を目の前にしたときというのは、作業者の手の動きこそが、見ていて一番おもしろい。日常の動作とは明らかに違う、まったく無駄のない動きの繰り返しだ。何人かの男性が手を動かしながら、こちらをチラリチラリと見る。しゃべっている者は、一人もいない。営業の人が言った「ワイワイできる」雰囲気とは、全然違うじゃないか。

一通り見終わると、営業の人は言った。「一番奥のラインに入ることになります」。こうして、こちらの意思とは関係なく、働く場がすでに決められているのは、いかにも人材派遣らしい。そして続けて言った。「一度あのラインに入ったら、ずっとあそこです」。

このどでかい要塞の、端の端にあるラインの一部に、私というパーツははめ込まれるわけだ。工場見学はわずか五分だった。

昼夜の二交替。残業はほぼ毎日二時間くらいある。気になるブラジル人の数を聞くと、この工場内だけで、だいたい一六〇人が小松開発工業から派遣されているそうだ。一六〇人もいるのか！

「ブラジル人と働きたいならここはいいですよ」。そう薦められた。

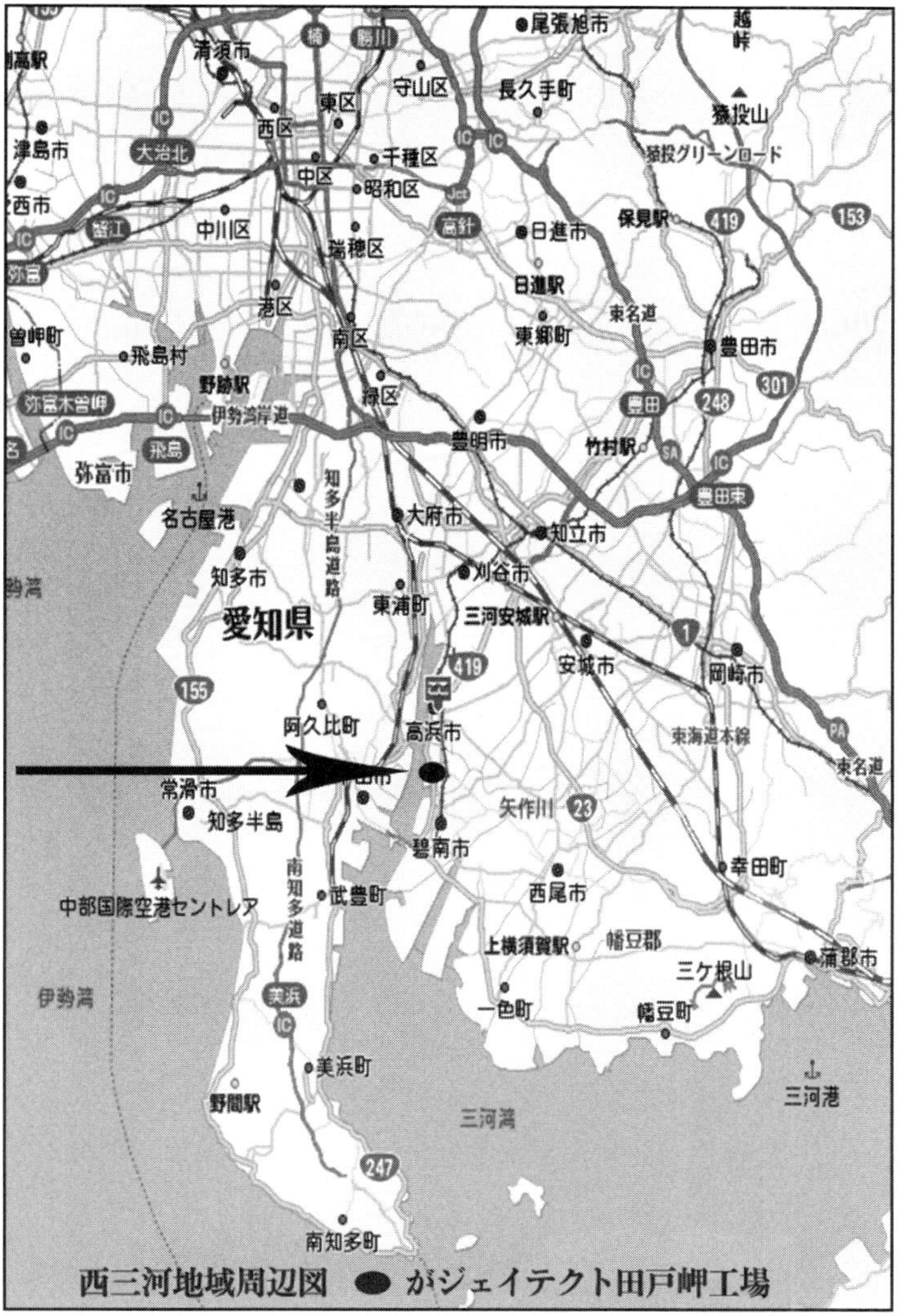

西三河地域周辺図　●　がジェイテクト田戸岬工場

私は先週から、こうして自動車関連の工場をいくつも見学している。この高浜市にあるジェイテクトは、とにかくブラジル人が多く働いている工場だ。営業の人の言うとおり、今まで見てきた中では、ブラジル人との密着度はどこよりも高そうだ。私の要求にピッタリあう。それに、今すぐにでも人が必要なのだという。私はここで働くことに決めた。

二分間の面接

翌日の朝、小松の営業の人とともに工場へ向かう。面接を受けるためだ。昨日と同じように守衛室を通り、正面玄関のロビーに入る。しばらくすると、背広を着た四〇代後半くらいの目がギョロとした男性が、横の事務所の方から現れた。この人と面接するのだろうか。

営業の人がその人に私の履歴書を手渡す。それを見ながら、その男性は最初に、誰に対して言うふうでもなく独り言のように言った。「大学出ちゃった」。

どういう意味かわからず何も言わないでいると、その人はもう一度、「大学出ちゃった」と今度は明らかに私に向かって言った。まさか、大学出た人は採用しないのではと、一瞬不安になる。すると今度は、営業の顔を見ながら、少し小さな声で確認するように言った。「大学出たヤツは出来ないんだよ、こういう仕事。みんな辞めていっちゃう」。

そして、また私を見ると、「もっと他の仕事あるでしょ」と親のようなことを言う。職歴などについては一切聞いてこない。「この〝大学〟のところは消しておこう」と、最後に独り言のように呟きながら事務所へ戻っていった。

これが面接だったのだろうか。採用とか、いつから来てほしいとか、そんなことは何一つ言わなかったぞ！　玄関ロビーで二分間立ち話をしただけだ。人材派遣の面接というのはこんなものか。「採用なんですか」と、私は小松の営業の人に確認する。すると、「あ、はい。これで大丈夫ですよ」と、慣れた手続きでも終わったような感じで返事をした。結局、人手が足りないから誰でもよしという面接か。

二階へ上がり作業服と安全靴、そしてロッカーのカギを営業の人からもらう。作業服を試着すると、「バッチリです」と言って、サイズがピッタリ合ったことを喜んだ。そんなことで喜ぶなんて営業は気がラクだ。取材と同時に、私にはきついきついライン作業が待ち構えている。

仕事は来週の月曜日から始まる。組はA班とB班に分けられ、私はA班に入ることになった。A班とB班は、昼勤と夜勤とを隔週で入れ替わる。来週、A班は夜勤だという。「午後九時二五分始業だから、八時五〇分には来てください」と営業の人は言った。

ともかく、私の採用はこのようにして決まった。今日は、二〇〇七年二月二三日。仕事探しに一カ月を費やし、これでようやく、ブラジル人労働者の働く工場に入りこむ準備は整った。

私にとっての製造業

私がブラジル人に関心を抱いたのは、これまでの経験が影響している。二〇歳のときにオーストラリアで、華僑の経営する中華料理店で働いたのをはじまりに、その後もギリシャ系移民の農園で季節労働者たちと働いた。その数年後には、ニューヨークの飲食店で、メキシコから出稼ぎに来ていたミステコ族という少数民族の若者たちと働いた。また、彼らの村を訪れ、一カ月ほど住み込みをした。ニューヨークのレストラン産業を支えるミステコ族については、アメリカでもほとんど詳しく知られておらず、この体験を『ニューヨークのミステコ族』という一冊の本にまとめた。私が最も惹かれたのは、出稼ぎをする〝人たち〟だった。出稼ぎという問題の中に入り、その中にいる〝人たち〟をまず見たかった。果たして、故郷の村に残された〝人たち〟は、幸せなのか?

帰国した私は、今度は日本へ出稼ぎにくる〝人たち〟について書きたいと思った。そこで着目したのが、地元の名古屋に多くいるフィリピン人だった。最初、フィリピンパブを取り上げようとも考えたが、すでにたくさん報告されている。そこで、これまた地元の名古屋で有名なパチンコ製造業に従事するフィリピン人について書こうと決めた。働き始めた従業員三〇人ほどの小さな町工場では、フィリピン人が半数を占め、他にも中国人や韓国人、ウガンダ人が働いていた。

当時作っていたのは、爆発的に売れていた「海物語」という機種の一部品だった。一日四〇〇〇個の生産が一年続いたから、小さな工場のラインはフル稼働だった。土曜日であろうと、ノルマの生産数ができなければ残業があった。ヤンキー上がりの工場長は、「うるせーぞ！バカヤロー！」と、ときどきラインに来て喝を入れる。少しでも真面目にやらない者は呼び出されて叱られた。残業時間が三〇時間を超える月も珍しくなかった。年間の休みは、六〇日ほどしかなかった。

出稼ぎをしに来るフィリピン人は、どのような人たちなのか。果たして〝幸せ〟なのか。これがルポを書く目的だった。けれども働き始めてしばらくすると、ほとんど思うように取材ができなくなっていた。理由は単純だ。楽しかったからだ。楽しかった最大の理由は、フィリピン人女性たちの明るさにあった。

昼食のとき、その明るさは爆発する。毎日彼女たちは交替で、大きなタッパにいろいろな郷土料理を作ってきた。レンジの前には〝チン〟を待つたくさんのタッパが並ぶ。食事が始まると、国籍も文化も関係ない。ウガンダ人のワニエラが作ってきた鶏肉を使ったウガンダ料理は、彼女たちにアッという間に横取りされ、イスラム教徒の彼の前には、フィリピンの豚肉料理が回ってくる。ワニエラは仕方なくアラー（神）に背く行為をする。ワニエラが「おいしい」と言うと、みんな爆笑して「ディバー！（そうでしょ！）」。工場の外の畑にまでよく聞こえるくらいの笑い声。まるで毎日がパーティーのようだった。

仕事中に飛び交うジョークのセンスも抜群だった。例えば、誰かのビザがないという話になると、ジャネットは中国人の陳さんを引き合いに出し、「あの人陳さん、福建省出身ね。ビザはある。でも保険証ない」。こんな上級のおやじギャグが、延々と出てくるのだから楽しくないわけがない。元ヤンキーの口の悪い日本人のパートの人や、中卒でアルバイトの無口な少年までもが、その明るさに引きずり込まれ、いつの間にか一緒に食事をするようになっていった。私もまた、そこで働くことが楽しくて仕方がなかった。

私は取材を途中で止めた。彼女たちが様々な問題を抱えていることはわかったが、出稼ぎに来て〝幸せ〟かどうか、それはもう私にはよくわからないくらい遠くにある問題のように感じられた。畑の横に建つ小さなプレハブ工場の中に、こんなに楽しく、笑いの絶えない職場があることが、何よりも私を強く打った。感傷的だと笑われるかもしれないが、それは大きな横波のように取材の意欲をもさらってしまった。私は彼女たちの明るさを一生忘れることはできない。私にとっての製造業とは、楽しくて仕方がなかったこのパチンコ工場そのものである。

しかし、彼女たちの個人的な事情で一人また一人と辞めていくと、会社の雰囲気も変わっていった。会社は自転車操業だったので、社長は支払いのために出来そうもないほどの仕事を取ってきた。パートやバイトではとても人手が足りない。次第に社長は人材派遣を使い始めた。その頃、正社員でラインの副リーダーだった私は、派遣を使うことになった。派遣だから使って当然だと思った。手の遅い派遣を容赦なく切った。数時間で見切りをつけ、帰らせた。いつしか、従業員の半数以上が派遣になっていた。フィリピン人たちとの違いは、そのおどおどした表情だった。いつも指示を待っているような表情。指示を出してもすぐに動かない。全員消極的な態度にいら立った。初日だから仕事ができるわけがないのに、手の遅い者は一日で切った。使えない者を切ることを想定して、毎日多めに派遣を頼んだ。生産数をこなすためにはそうするしかなかった。

数カ月前まであれだけ楽しかった職場が、急につまらなくなった。派遣であっても、時間をかけたら一緒に楽しく仕事ができたのかもしれない。でも、私にはそんな余裕はなかった。昼飯時間は一〇分。残業は月八〇時間を超えていた。私は疲れ切っていた。私は会社を辞めた。

アッという間の四年間だった。次に何をしようか。先のことを考えていなかった私は動けずにいた。出稼ぎする〝人たち〟が心の中にズシリと残っている。フィリピン人たちの笑顔が懐かしかった。懐かしくてたまらなかった。と同時に、次から次に来た派遣と、それを切りまくった自分が頭から離れなかった。気づけば、自分のしたいこととは逆のことをしていた。派遣がどんな〝人たち〟なのか、私は知りたかったはずだ。けれども彼らの名前も聞かず、ほとんど顔も見ず、私は仕事のノルマを優先した。自分が情けなくて情けなくて、悔しくて仕方なかった。私が切った派遣は、すべてブラジル人だった。

家のパソコンで、正社員の求人を検索しているのがばからしくなった。出稼ぎをする「ブラジル人たち」を今度こそしっかりと見たい、そう思った。これ以外に思いつかなかった。ブラジル人と働きたい。彼らと一緒に働きたい。ブラジル人は私の地元・愛知県にたくさんいる。

製造業と派遣労働者

モノ作り大国と言われる日本の製造業のなかでも、愛知県は最も活気がある。有効求人倍率を見ても、全国一高い。しかも、過去四年以上（二〇〇七年一月現在）も続いている。いうまでもなく、トヨタを中心とした自動車産業がそれを可能にしている。私の地元は、今日の日本の製造業の、最重要拠点の一つだ。

自動車産業を支えるブラジル人という存在は、多くの人が知っている。けれども、どれほどの人が出稼ぎする〝人たち〟を知っているだろうか。地元メディアですら、ブラジル人について詳しく取り上げることはあっても、そのほとんどは労働者として、である。

今から三〇数年前、鎌田慧は『自動車絶望工場』を書いた。初めて読んだとき、トヨタ式の生産システムは衝撃だった。ベルトコンベアのスピードに、ただついていくだけの労働。しかし、今読み返してみると、私が知りたいことはあまり書かれていない。ベルトコンベアがどれだけ速くても、そこで働く〝人たち〟が楽しく仕事していたらいいじゃないか。出稼ぎするブラジル人が、何を考えながら働いているのかを私は知りたいのだ。

製造業を語る上で避けては通れないものがある。派遣労働者だ。今日、工場で働く多くの労働者は、派遣会社を通して働いている。もともと派遣とは、通訳のような特別な能力を持った労働者に使われていた言葉だった。ところが、二〇〇四年三月、労働者派遣法の改正によって、製造業への派遣が解禁されると状況は変わった。働く人をアッという間にクビにできる法律になった。経営者側の法律。自動車産業も例外ではなく、派遣会社とのつながりなしには、労働者が確保できなくなっている。私のやりたいことははっきりした。自動車産業―ブラジル人―派遣の重なるところ、そのど真ん中に突っ込んでいくことだ。

重なっているところをどうやって見つけるか。その三つの範囲を見ると、派遣が一番大きい。ブラジル人を雇っていない工場はたくさんあるが、派遣を雇っていない工場はほとんどない。また、どの産業にも派遣会社は入り込んでいる。まずは派遣会社探しだ。しかし、派遣会社はものすごくたくさんありそうだ。ここから条件に合うところを自分で探し出してみよう。

さっそくハローワークで検索をし、同時にインターネットを使っても探してみた。検索してみて驚かされたのは、その派遣会社の多さだ。聞いたこともない名前の人材派遣会社は次から次に出てくるものの、肝心の中身についてはどうも特徴がつかめない。そこで、試しにいくつか派遣会社を選んで連絡を取り、いろいろな工場へ行ってみた。けれどもブラジル人が少なかったり、一人作業であったりして、なかなか条件に合うところはなかった。これではらちがあかない。一度、この膨大な数の派遣会社を振るいにかけなくてはいけない。

トヨタ系自動車部品メーカー

そこで私は、仕事探しを無料でサポートしてくれる某R社へ連絡をとり、次の三つの条件を満たす派遣会社を探してもらうことにした。

＊トヨタ（自動車）とのつながりが強い。
＊愛知県内の西三河地区の人材派遣会社である。
＊ブラジル人を多く派遣している。

西三河地区は豊田市や刈谷市などを含み、製造業の有効求人倍率が非常に高い。もっとも、R社の担当者には本当の意図は伏せ、外国人を派遣する人材派遣会社の営業職を探している、ということにした。今まで営業の経験などないが、海外をいろいろと周った私の経歴に興味深そうに一通り目を通したその担当者は、「ピッタリな職業ですね」と言った。

R社は、地元企業の情報を正確に把握している。その人がとくに推したのは、西三河地区の刈谷市にある「トヨタとは昔からとてもつながりが強い」という派遣会社であった。登録している人の大半が、日系ブラジル人だという。紹介されるのに五分もかからなかった。他にもいくつか紹介したが、西三河地区に限ると、その一社だけだった。

こうして紹介されたのが、小松開発工業だった。場所は刈谷駅近くで、デンソーやアイシンなど自動車製造業の会社が集中するところだ。「工業」と名乗っているが、人材派遣業もしている聞いたことのない会社名だった。ブラジル食材店を何店か周り、置かれている求人雑誌を開いてみると、確かにどの雑誌にもその名はあった。どの雑誌にも他社より大きく広告を出している。広告に紹介されている仕事には、決まってこう書かれている。

「AUTO　PESAS（自動車部品）」

小松開発工業のホームページを見てみると、全国に営業所があるわけではない。あくまでも、ここの地域に密着した派遣会社であるようだ。担当者が言った「この辺ではかなり知られています」という言葉は信用できそうだ。私はこの小松開発工業という会社を足掛かりにしてみることにした。

これでまず派遣会社は決まった。次に、実際に入りこむ工場をどうしぼりこむか。私がこだわったのは、次の三つの条件である。

＊下請け部品メーカーである。

＊ブラジル人と同じラインで働ける。

＊夜勤がある。

トヨタに限らず製造業というのはその下請けメーカーをはじめ、多くの中小企業によって成り立っている。二次請け、三次請け……。私が働いていたパチンコ工場は、三次請けか四次請けだった。その下もある。末端は内職をするおばちゃんたちだ。時には家に上がり、息子夫婦のグチやらミステリーツアーの体験話を聞きながら、一個五〇銭や一円の作業を教える。そうした、無数の中小の工場がなければ製品は出来上がらない。

私はトヨタの主要な生産ライン工場なんかにはこだわらない。下請けであることを優先しなければ、「自動車産業」の本質など何も見えてはこない。トヨタはひどいがホンダはまだいいほうだ、という視点にならないためにも、複数のメーカーへ部品を供給するような下請けの現場に視点を置くことが重要だろう。私はトヨタという会社を語りたいのではなく、その土台に目を向けてみたいのだ。

夜勤というのは私自身経験はないが、製造業にはつきものである。そういう条件を満たしている方が望ましい。夜勤をしながらの生活とはどんなものなのかを知るには、実際にやってみるしかない。ただ、小松開発工業から紹介される仕事のほとんどすべてに、夜勤があったので問題はなかった。

これら、三つの条件をすべて満たしたのが、ジェイテクトの田戸岬工場（高浜市）だった。働く期間は、最低でも六カ月と決めた。この期間にこだわったのには理由がある。私は新聞記者でもないし、何の肩書も持っていない。工場の仕事を中心に書くのなら一ヵ月あればいい。しかし、私が書きたいのは、ラインで働いているブラジル人が何を考えているかである。これを知るためには、何よりもまず、自分を信用してもらわなくてはいけない。同じラインで同じ仕事をする。真夏のつらい季節をのりきったころ、彼らの気持ちが聞き出せるだろうか。

ジェイテクトという会社は、新会社としてスタートしたばかりである。二〇〇六年一月に、豊田工機株式会社と光洋精工株式会社が合併して、株式会社ジェイテクトとなった。工場は古いが、名前は新しい。現在（二〇〇七年）のところ、豊田工機の名で知っている人の方が多いかもしれない。事業内容は、ステアリングシステムや駆動系部品、軸受、工作機械などの製造および販売である。

私が配属されたのは、「軸受・駆動事業本部田戸岬工場製造部第六生産課第1A係一三八A組」（長ったらしくて覚えきれない）である。

社員番号	103856

池森 憲一　　殿

労働条件通知書

小松開発工業株式会社は下記の者と次のとおり労働契約を締結する。

① 契約期間中は下記事項をはじめ特に定めるものの他は、パート・アルバイト社員就業規則に準ずるものとする。

② 契約期間中であっても本人の申し出または会社の都合により契約を解くことがある。

<記>

雇用期間	平成 19 年 2 月 26 日～平成 19 年 3 月 ~~7~~ 21 日迄 （当初2週間を試用期間とし、更新については別途協議）
勤務場所	株式会社ジェイテクト　田戸岬工場
仕事の内容	自動車部品　製造　その他（　　） 一般作業　軽作業
就業時間	1. 始業（　時　分）　終業（　時　分）うち休憩時間　分 定時 7時間45分 2. 交代制 イ. 始業（ 8 時 10 分）　終業（ 17 時 00 分）うち休憩時間 65 分 ロ. 始業（ 21 時 25 分）　終業（ 6 時 15 分）うち休憩時間 65 分
勤務日又は休日	会社カレンダーによる
休暇	年次有給休暇　6ヶ月間継続勤務した場合　法定通り
所定外労働等	1. 勤務日には時間外勤務（残業）をさせることがある 2. 休日労働をさせることがある
賃金	1. 基本賃金　時間給　1,300　円 2. 諸手当　A:　通勤手当（規定による） B:（　　手当） C:（　　手当） 3. 所定外労働 A: 所定外　（25%増し） B: 法定休日　（35%増し） C: 深夜　（25%増し） 4. 賃金締切日と支払日　月末締切り、翌月20日支払い 5. 補助金　作業服　（1着貸与、1ヶ月以上就労した場合は返却義務を免除する）
退職に関する事項	1. 自己の都合により退職にする場合は14日以上前に申し出ること 2. 次の事項に該当する者については解雇する場合がある。 ① 心身の状況が業務に耐えられないと認められる者 ② 就業状況、勤務成績の著しく不良な者 ③ 飲酒運転、無免許運転等の不法行為を行った者
各種保険	1. 健康保険　あり　なし　3. 労災保険　あり 2. 厚生年金　あり　なし　4. 雇用保険　あり　なし
その他	1. 勤務状況の良好な者についてはその実績に応じて手当を支給するものとする。 （支払基準については裏面の表を参照のこと） 2. 無断欠勤については1回につき平均賃金（※1）の半額を減額とする。 3. 職場での度重なる指示違反についてはそのつど平均賃金の1割の減給とする。 4. 有給休暇は原則として事前申請とする。

年　月　日

雇用者　刈谷市大手町2-15
小松開発工業株式会社
取締役第一事業部長 [redacted]

住所　名古屋市中区 [redacted]

被雇用者 氏名　池森 憲一

生年月日　昭和49 年 8 月 3 日

期間員労働契約書

株式会社ジェイテクト(以下甲という)を 池森 憲一 (以下乙という)を期間員として雇用し、次の通り労働契約を締結する。

1. 乙は、甲より示された賃金、時間等の労働条件を承認し、職場秩序維持の義務および生産性高揚の義務等を誠実に尽くして、労働に従事することを契約する。
2. 乙は、甲の機密については、在籍中はもちろん退職後も、甲の許可なく第三者に開示もしくは漏洩せず、また、自己または第三者のために使用しないことを誓約する。また、乙は、自己が保有する第三者の営業秘密をその秘密性を有する間、その了解なしに、甲に開示しもしくは漏洩しないとともに、甲における業務に不正に使用しないことを誓約する。
3. 本契約の雇用期間満了後、次の各号の基準を満たし、両者が合意した場合、契約を更新することがある。

①勤務成績および勤務遂行能力に支障がない場合
②欠勤等勤務状況または勤務態度の問題がない場合
③業務指示に従わない等の服務命令違反がない場合
④契約更新の上限期間までに達しないとき
⑤事業縮小等経営上やむを得ない事由がない場合
⑥人員配置の変更等による余剰人員が生じない場合
⑦その他やむを得ない事由がない場合

<記>

雇用期間	2007 年 3 月 22 日 ～ 2007 年 4 月 30 日 迄 (契約更新の上限期間は最長3年とする。) 但し、採用の日より14日間は試用期間とする。
社員番号／事業場 配属部署	社員番号: 401388　　事業場: 田戸岬 工場 配属部署: 田戸岬工場製造部第6生産課1A係138A組
業務内容	製造業務
就業時間	1. 始業(8時10分) 終業(17時00分) うち休憩時間 65 分 2. 交代制　イ. 始業(8時10分) 終業(17時00分) うち休憩時間 65 分 ロ. 始業(21時25分) 終業(6時15分) うち休憩時間 65 分
勤務日又は休日	勤務カレンダーによる
休暇	年次有給休暇は、初年度分として派遣社員の勤続期間も通算して3ヶ月経過後に下記の日数を付与する。 但し、派遣社員の勤続期間が3ヶ月を超える場合は、期間員としての入社日に付与する。 10 日
時間外勤務等	1. 時間外労働を命じることがある。　2. 休日労働を命じることがある。
賃金	1. 基本給　時間給 1300 円 2. 諸手当　通勤手当: 当社規定により支給 3. 時間外勤務等に対する割増率　A:時間外 30%　B:深夜 30%　C:会社休日 45% 4. 賃金締切日と支払日　月末締切り、翌月25日支払い(通勤手当は当月25日支払い) 5. 給与支払方法　乙の指定する本人名義の金融機関口座に振り込む 6. 昇給　評価により見直す場合あり 7. 賞与　なし 8. 退職金　なし
労働・社会保険	1. 雇用保険　一般被保険者として加入　2. 労災保険　加入
その他	1. 給食　各工場の食堂使用可 2. 診療所　ジェイテクト健康保険組合の加入者は使用可 3. 制服購入代補助　なし (但し、当社の制服を持っていない場合は一着を貸与する) 4. 出張の取扱い　正社員(一般社員)に準ずる

乙が契約の解除を希望する場合、少なくとも14日前までに甲に申し出てこれを解除できる。
本内容に疑義が生じた場合は、甲乙が都度協議する。

2007 年 3 月 15 日

〔乙〕　現住所　名古屋市中区[redacted]

氏名　池森憲一　印

上の者(乙)が甲に在職中の身元は下記の一名が保証します。

〔保証人〕現住所　刈谷市大手町2丁目15番地

氏名　小松開発工業株式会社 [redacted]

本人との関係　取締役第一事業部長[redacted]

(注) (1)日付は入社の日とし、日付より二週間以内に提出
(2)身元保証人は「独立の生計を営む成年者であって社会上相当の信望を有する者」とする。更新の際には、保証人は不要。
(3)ボールペンまたは万年筆で記入

第二章　田戸岬工場製造部第六生産課

仕事初日

夜の九時二五分、朝礼（夜だけど朝礼と呼ぶ）が始まる。円になって集まっているのは、三五人くらい。みんな上下水色の作業服を着ている。私より若い人がほとんどだ。女性も二、三人はいる。円の中心には眼鏡をかけた五〇代の男性。周りは機械の音や、何かベルのような音が入り混じっていて、その男性が何を言っているのかほとんど聞きとれない。周りの人は、別に聞きとろうとしている様子もなく、口をパクパクさせているだけに見えるその男性の方を、ただ見ている。結局、何を言っているのかまったくわからないまま、朝礼は三分ほどで終了した。安全唱和をして、みんな各自の作業場へ散らばっていく。

その朝礼で話をしていた男性と私は、ラインの間を通り抜けてすぐのところにある、机と長イスの並べられた場所へ行く。机の横には冷蔵庫がある。ここは休憩所らしい。工場でまずやる安全教育が始まった。

長イスに座ると、その人はまずこう聞いてきた。「小松なのに日本人なの？」。やはり、小松開発工業では、日本人であることがそんなに珍しいのか。それから学歴などを聞き、「頑張れば社員になれるよ」と言った。はじめからそんなことを言うなんて、朝礼で集まっていた人たちのなかには、派遣から社員になった人が何人かいるのだろうと思った。もしかすると、ブラジル人の中にも、社員になった人がいるかもしれないとさえ思った。けれども、このときの予測が全く違うことを知るのは、これから何ヵ月もあとのことである。

安全教育は、なかなか進まなかった。その人はすぐどこかへ行ってしまう。どこかで問題が発生しているのだろう。工場内はずっとサイレンやベルの音が入り混じっている。結局、何度目かの中断のとき、「とりあえず、一通りこれに目を通しておいて」と言い残し、またどこかへ行ってしまった。こうして安全教育は中途半端なまま終わり、いよいよラインへ入ることになった。

見学に来たときに聞いたとおり、一番奥のラインへ入る。五、六人の男がラインの中で動き回っている。鎌田慧が『自動車絶望工場』で書いたように、勝手に流れてくるベルトコンベア式のラインではない。手でセットをし、出来上がったら手で取り出し、次の者へ手で渡す。全部手渡しのバケツリレーだ。そしてまた、手でセットをする。右から左へ、製品は手渡しされていく。ここは、部品を順番に組み付けていって、車のほんの一部分を作る工場にすぎない。

安全教育をした人から、ラインにいた茶髪の青年へ私は引き渡される。ライオンのタテ髪のような茶髪に、チョンと帽子をのっけている。まだ二〇代前半だろう。ここからがいよいよだ。取材のための観察は頭の中でいったん中断する。仕事ができなければ取材も何もできたもんじゃない。

「じゃあ、ここやってもらいましょうか」と、その茶髪の青年は言った。

「えっと、まずこれを取って、ここにはめて……」

説明しながら、ゆっくりやってみせる。

「で、このブーツ（円錐型のゴム製のカバー）を取って、ここを抑え気味にして浮かしながらノズルを入れて……で、このボタンを押すとグリスが出ますんで……。それからここを押して、で、このランプがついたらオッケーなんで……こうして……」

彼はとても丁寧に教える。私はある種の興奮を覚える。それは、作業が機械的、直線的ではないのだ。何か、生々しいもの見たときのような驚きと言ってもいい。ブーツをめくる。ノズルを差し込む。ボタンを押すとグリスがブチュッと飛び出る。当たり前だけれど、これをしないと次には進まないということを目の当たりにする。

次は私がやってみる。今見たばかりなのに、やってみるとうまくいかない。ブーツを浮かしながら、その隙間にノズルを入れる、これがなかなか難しい。初めてだから当たり前なのだが、こんなことが難しい。もう一度、彼がやってみせる。何とも簡単そうにわずか数秒でやる。また、私がやる。ブーツにノズルを差し込んで、ボタンを押す……。すると突然、ブーツの下からネズミ色のグリスがあふれ出た。先ほどはめたばかりの手袋が、アッという間に油だらけになった。近くにあった布切れで急いで拭き取る。それを見ていた茶髪の青年は、何も言わないで待っている。

四、五本なんとかやったあと、四〇代の男性が突然やってきた。替わりに茶髪の青年はどこかへ行ってしまった。そして、その男性はやってくるなり、私と機械の間に割り込んでくると、一瞬で作ってみせた。しかも、先ほどの青年とは違うやり方をしたように見えた。その人はなんだかとてもあわてている。理由はすぐにわかった。製品は次から次に手渡しで横の者へと渡されていくのだが、私の機械のところで物が溜まっているからだ。

「先ほどの人からはこう教わったんですけど」と言っても、その男性は構わず自分のやり方で次の一本も作って流すと、またあたふたしながら隣の機械へ移動した。名前を聞く暇もないから、その男性の名を「あたふた氏」と勝手に決める。先ほどの茶髪の青年と同じように、あたふた氏も組長の下で動くラインのまとめ役なのだろう。あとでわかったが、その茶髪の青年のあだ名は、ブラジル人たちの間では「ペオン長」という。「ペオン」というのは、ポルトガル語でいわゆる「ペーペー」とか、「下っ端」の意。つまり、「下っ端の長」という皮肉。

仕方なく、そのあたふた氏のやり方でやってみるが、やはりうまくいかない。すべての作業の、力加減がわからない。もたつく私の横で、あたふた氏は明らかにイライラしながら、「アーッ」と大きな声を上げ、それじゃあ全然ダメだといった表情をする。そして、私から取り上げるようにしてやりかけの部品を修正し、またあたふたしながら隣の機械へ移る。まったく、先ほどの茶髪の青年とは大違いだ。自己紹介もまだしていない。一瞬ラインへ眼をやると、他の作業者も私の方に注目しているのがわかる。一番よく見えた隣の作業者は、明らかに同情の眼差しをしている。作業の手順は難しくない。コツがわからないだけだ。

一〇本か一五本くらいやっただろうか、少し慣れてきた。手が少し覚えた感がある。あと何本かやれば、一回くらいスムーズにできそうだ。が、そう感じた矢先、あたふた氏は突然言った。「アー、ちょっと違うとこやってもらおうかなー」。

いやな言い方だ。身に覚えのある言い方。どこへ向かうのかわからないまま、とりあえずあたふた氏の後ろについていく。歩きながら、私はだんだん不安になってきた。すると、歩きながら私の方を振り向いて、「まあ、そんな素人ばっかりいても回らないからねえ。もうたいへんだよ」とすまなさそうに言う。あのラインには、確か五、六人しかいなかった。その中に新人が私の他にもいたのだ。人の入れ替わりが激しいのだろう。

あと少しで慣れそうだったのに、ライン不合格と判断されてしまったらしい。たった一〇分。

見学したとき小松の営業の人は、「一度このラインに入ったら、ずっと同じラインです」と言っていた。どうしてもラインがしたかったからと、確認もしていた。でも、意味はなかった。結局、手が遅ければ飛ばされる。この前まで、あたふた氏と同じことを私はしていた。私もよく突然言った。「ちょっと違うところやってもらおうかな」。五分たたずに飛ばした。何人も何人も飛ばしていたのだ。

出荷検査

あたふた氏は「彼連れてきたから、じゃあ、頼むね」と、そこにいた男性に告げるとどこかへ行ってしまった。連れて来られたのは、ラインから出来上がってきた製品を検査するところだった。これはまずいことになった。ブラジル人とラインで働くためにこの工場に入りこんだのに、切り離されては密着できない。しかも二人だけでやる検査の作業だ。

初日から予想もしていないことになってしまった。私は焦った。何カ月もこの工場で働くつもりなのに、ラインに入れなければ意味がないじゃないか。しかし、ラインを不合格になった私に文句は言えない。とりあえずここは我慢して、検査の作業をするしかない。ここでしっかりやれば、またラインへ入れるチャンスは必ず来るだろう。そのための時間はまだ十分ある、そう自分に言い聞かせた。

その検査場には、私より少し年上の男性がいた。花巻さんという名前の日本人だ。日本人か……。ブラジル人ではなかったことに少しだけガッカリした。少しだけ、だ。まだ初日。見たものすべてが書く材料になる。まずは、花巻さんと仲良くやらなければいけない。これからは花巻さんと二人で、製品の検査をやっていく。

花巻さんはパレットから製品を一本持ち上げると、私の目の前の検査台にドスンと置いた。それは、五〇センチくらいある鉄のダンベルに、ソフトクリームのような形の黒いゴムや、犬の首輪みたいな緑色の部品がくっついている。重たそうだ。

「えーっと、まず見るのはここのブーツのキズがないかどうかとか、このバンドがずれていないか、こうやって回せば見やすいから」と、花巻さんは言って、手でシャフトを勢いよく手前に滑らせる。製品がコロの付いた検査台の上で、ゴロゴロローと勢いよく回転する。幅五ミリほどの緑色をしたバンドが、一本の真っ直ぐな帯のように見える。そう見えていれば、バンドがずれていない証拠だそうだ。もし、バンドがずれていれば、回したときにバンドは波打ったように揺れて見える。「それにこの先のところのキズもあったらヤスリで削って……」と言うと、幅一センチ長さ一〇センチほどに細長く切られた紙ヤスリを手に取って見せた。製品の先端にある、点のようにポツンと付着しているスパークを、紙ヤスリで削るのだ。目を凝らしてやっと確認できるような細いキズも削る。地味な作業に基準の厳しさが現れているとでも言おうか、案外細かなところまでやる。これもすべて手作業だ。

ちなみに、製品はオスとメスに分けられている。オスの先端はシャフトが飛び出していて、メスの先端は穴があいている。そして、メスの場合だけ、この紙ヤスリを使って削る作業がある。

他にもゲージ検査がある。薄っぺらいU字型をしたゲージの隙間を、突き出たシャフトに当てる。ゲージの隙間にシャフトの幅がピッタリ合えば、ゲージは「シャキッ」という金属同士がすれる音とともに、スッーと入る。ゲージの幅は大・中・小全部で三種類。ゲージを使った検査の他に、目で見る検査もある。「シャキッ、シャキッ、シャキッ」と手でゲージ検査をやりながら、同時に目視検査もやるのがコツだそうだ。

目視検査をする項目は、全部で五、六カ所。パチンコ工場でもこういった検査はやっていたから、まったく初めてではない。やり始めてしばらくしたら、だいたい要領をつかんだ。パチンコ部品と違うのは、製品の重さだけだ。重さは五キロ以上あるだろう。見学したときには、ここまで重たいとは予想できなかった。みんな慣れているから、製品がそう重たくは見えなかったんだろう。でも、私は体を使う仕事が好きだ。建築現場や引っ越しのバイトもやってきた。五キロのダンベルくらい何でもない。

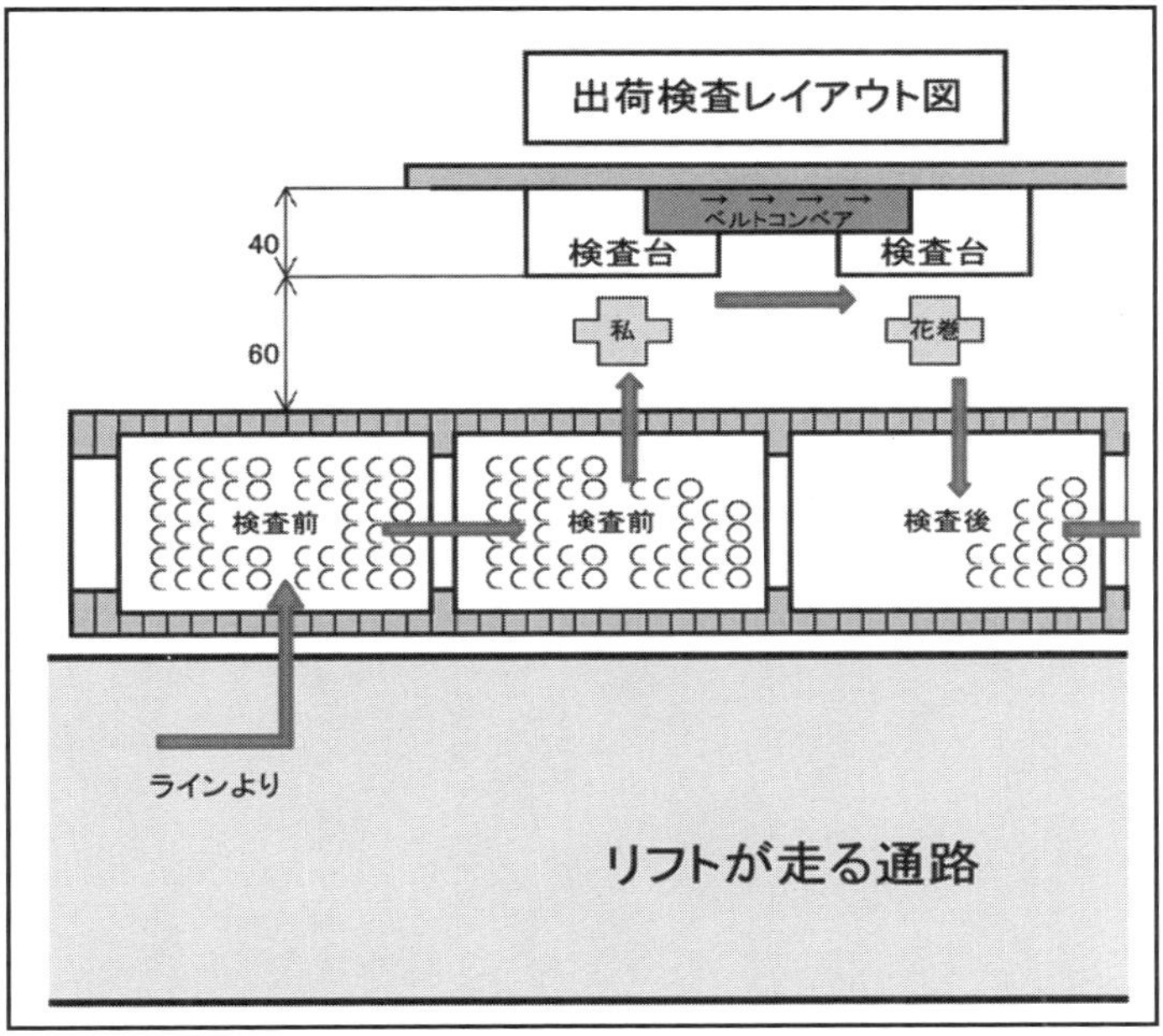

検査をしていると、遠くのほうから聞き覚えのあるメロディーが聞こえてきた。ディズニーか何かの曲かなと思っていると、その音はだんだんと大きくなって近づいてくる。そして、その大きなメロディー音は、私の真後ろくらいで止まった。振り向くと、でっかい浴槽みたいな四角いパレットを担いだリフトがこちらを向いている。そのメロディー音は、リフトが走行中に鳴らす注意音だったようだ。パレットの中には、ダンベルが何十本もきれいに並べられている。ラインから出来たばかりの製品だ。一パレットの重量は三〇〇キロ以上。リフトの人は何も言わないまま、担いだパレットの高さを

少しずつ下げながら前進する。そして、私のヒザ下ぐらいの高さにあるパイプを並べて作られたレールの上に、「ギギギギギーッバン！」という音を響かせて載せた。無言のまま、私に仕事が与えられる。リフトはまた、ディズニーの曲のようなメロディー音を鳴らしながら、いま来た方へと走り去る。

私の仕事は検査。その検査の流れはこうだ。真後ろにあるパレットから、私が五キロのダンベルを一本取り出し、検査台にドスンと置く。まず、私が製品の左半分を検査する。検査したら右横にいる花巻さんへ渡す。私は身を反転させ、また後のパレットからダンベルを右手で持ち上げる。これはちょっとした筋トレになる。花巻さんは自分の検査台で右半分を見て、後ろにある空のパレットに入れる。そしてまた私から受け取る。これを一本ずつ繰り返す。

一パレットは六〇本入り。六〇本すべて検査したら、検査済みのパレットを左へずらす。あとから、リフトがどこからかまた注意音を鳴らしながら来て、どこかへ運んでいく。私は自分のところにある空になったパレットを花巻さんの方へ移動させ、検査前のパレットを自分の真後ろまでゴロゴロゴローと引っ張ってずらす。そして、また五キロのダンベルを持ち上げ、検査台へドスンと置く。左半分を検査したら花巻さんへ渡す。そして、また身を反転させ、五キロのダンベルを持ち上げる……。六〇回のダンベルの持ち上げで、また一パレット完了。単純な手順、そして、なんて単調な作業なんだ。

製造業と言えば、ベルトコンベアのイメージがあったが、ラインも手作業、検査も手作業。私から花巻さんへ製品を渡すときだけ、唯一機械が自動でやってくれる。

二人の検査台の間には、幅三〇センチ、長さ一メートルほどの黒いベルトコンベアが、左から右へ常に流れている。私が左半分検査したものを、そのベルトコンベアの上に置く。製品はゆっくりと右へと流れていく。ベルトコンベアの右端へ近づくと、センサーが感知し、自動的に止まるようになっている。ベルトコンベアは長さが一メートルほどだから、実際に製品が左端から右端へ動く時間は、一〇秒もない。右端に流れ着いた製品を花巻さんが持ち上げると、止まっていたベルトコンベアはまた静かに流れだす。こんなものでもないよりは速いのかな。

「二六パレットやり終い」

検査台の目の前には、視界を遮るように高さ二メートルくらいの衝立がデンと立ちはだかっている。壁に向かって仕事をしている感じだ。その衝立には、検査要領の書かれた紙が何枚か貼られていて、いわゆる手順の「マニュアル」が一から順に書かれている。でも、あたふた氏からも花巻さんからもこの要領書については何も聞いていないから、私は花巻さんに聞いたところだけ検査する。それより、気になるのはその横の張り紙だ。

「二六パレットやり終い」

　張り紙にはそう大きく書かれている。ノルマだ！　一パレットは六〇本入り。私は頭の中で計算する。

「六〇×二六……一五六〇本。五キロのダンベルの持ち上げを一日一五六〇回」

　これが日課か。これが毎日か。もう一つ気になるものがある。貼り紙の右下には、小さく「ムリムリ」と誰かが手書きした跡が残っている。一日二六パレットがムリなのか、それとも、それを毎日続けることがムリなのか。

　左半分を検査してベルトコンベアに載せると、まだベルトコンベアの真ん中ぐらいを流れているダンベルを、花巻さんは腕を伸ばしてつかむと、検査台に放り投げるようにドスン！　と置いた。そして、間髪入れずに手でゴロゴロゴロ―と回したかと思うと、両手でいろんなところを押したり回したりしてすぐ後ろのパレットへ入れる。持ち上げてからパレットに入れるまで、一五秒くらいか……。反転させた身を戻す反動を使って、またベルトコンベアに載っているダンベルを、腕を伸ばしてつかむ。花巻さんは一言もしゃべらない。「これが、一日一五六〇本のペースだ」と、言わんばかりの動きで無言の圧力をかけてくる。こりゃできるだけ速く流したほうがよさそうだ。

「二六パレットやり終い」。この文字がどうしても目に入る。気分がいいものではない。一

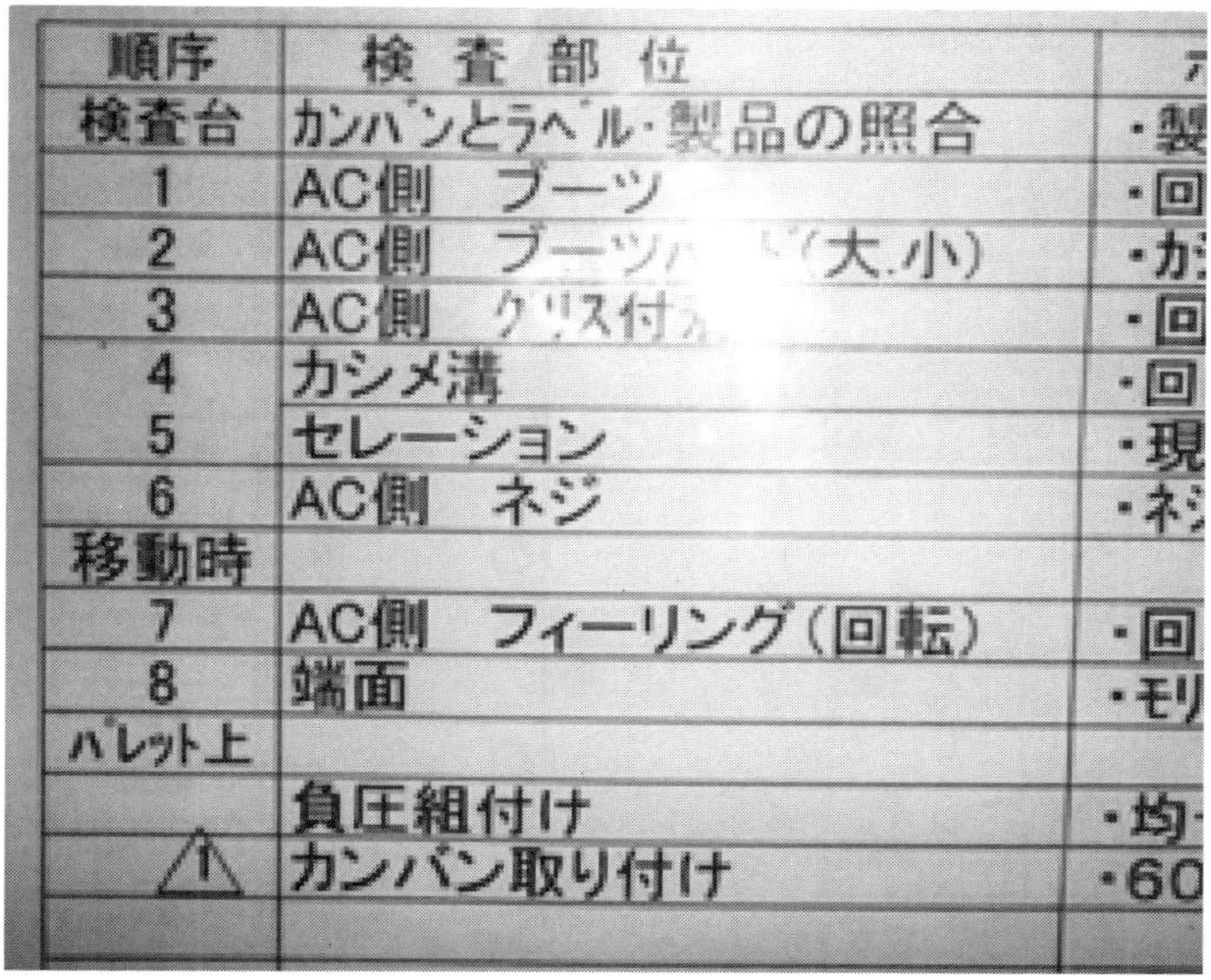

日のノルマは一五六〇本もある。「一パレット二〇分くらい」と花巻さんが言ったので、手を動かしながらまた頭の中で計算する。

「一パレットを二〇分でやると……一本……二〇秒。二〇分で一パレットだから……八時間で……二四パレット。二六パレットできないがや」

二〇秒のペースでは、定時に終わらない。二パレット残ってしまう。ためしに、頭の中で二〇秒を数えながら何本か検査してみる。もちろん、身を反転させダンベルを持ち上げる時間も、その中に入っている。二〇秒で出来るときもある。それより速くやろうとすると、目も手も追いつかない。検査しなくてはいけないところを飛ばしてしまいそうになる。それに、作ったこともないものを検査すると、すべて問題ないように見える。不良のサンプルを見たこともないから、全部同じに見えるのだ。それがまた逆に不安になる。

シャフトの先にバリがあれば、紙ヤスリでツルツルになるまで削る。こんなことをしていたら、すぐに時間を食われる。アッという間に三〇秒以上がたつ。それが二、三本続くと、それだけ遅れていくことになる。要領をつかんだはずだったが、一本二〇秒のペースは速い。「ギッギギギギギーッ、ドンッ！」。一パレット終わる前に、またリフトが完成品を運んできた。花巻さんから教えられた検査するところ以外は何一つわからない。とにかく、ぶっ飛ばして検査をする。先ほど、一〇分でライン不合格にされたばかりだ。誰も慣れるまで待ってくれたりはしないんだ。この検査の作業まで不合格にされたら、もう行くところがなくなる。次はクビだ。

花巻さんのペースについていこうとして、ときどき無我夢中になるが、やっぱり冷静に考えてしまう。かつて私が検査をしていたパチンコ工場では、工場長が経験や性格を考慮して、検査には一番信用できる人を置いていた。人材派遣なんてありえなかった。検査は出荷前の最後のストッパーの役割のはずだ。検査をやる正社員がいないくらい人手不足なのだろうか。仕事初日の私が検査をやっていていいのか？

花巻さんだって派遣だろう。これが全国の工場に出荷されるかと思うと、不安というより心配になってくる。私のことを何も知らずにあたふた氏はここへ連れてきたけれど、本当にいいのだろうか。何かあっても、私は責任取れない。検査場に飛ばされたことに違和感を持ったまま、しばらく作業を続けると、午前中の一〇分休憩を知らせる鐘が鳴った。

陽気なブラジル人たち

自動販売機でコーヒーを買って、休憩所へ向かう。ラインに入れない私が、ブラジル人に近づくことができるのはこの休憩時間だ。休憩時間は貴重な取材時間でもある。

正社員が集まっているイスの横には長イスが二つあって、すでにブラジル人に完全に占領されている。その数おおよそ一〇人。おしゃべりがすごい。ずっと前からここにいるかのようにくつろいでいる。私もここに座る。座った途端、しゃべりながらもみんなに注目されているのがわかる。私が彼らに関心があるように、彼らだって新人がいきなり休憩所の真ん中に座ってきたら気になる。

ちょうど今、私の左斜め向かいには、四〇歳くらいのちょっと強面なガッチリした体形の男性がいる。肌は褐色で丸坊主。名前を聞くと、一口サイズのチョコを食べながら、「ダシルバ」と無表情のまま答えた。

「あなた小松？」と、今度は向こうが聞いてきた。「そうだよ」。「あなた日本人？」、「そうだよ」。少し不思議そうな顔をしている。私が今度はいくつかスペイン語で聞き返す。「ブラジルでは何をしていたんだ」、「銀行で働いていた」。銀行マンが日本へ来たら、製造業の出稼ぎ派遣労働者になる。「ダシルバは日系なのか」と聞くと、「（笑いながら）違う、違う。妻が日系だ。オレは違う」。「あ、そうなんだ。日系に見えないもんね。ところで、ダシルバは何歳だい」、「四六歳」。

四六歳と言ったダシルバは、自分のことを「ジジイ」と言って笑うと、一口サイズのチョコの袋を「食べろ」というふうにさし出してきた。「グラシアス（ありがとう）」とスペイン語で礼を言って、一つもらう。強面ダシルバは、これはちょっと変なヤツが来たぞって、言いたげな顔をまだしている。

私の右横では、四〇代のブラジル人が二人、向かい合って何やら話している。眼鏡をかけていて小柄な方に名前を聞くと、「ウエムラ」と答えた。昔読売テレビにいた徳光アナウンサーに似ている。〇四ラインの検査をしている。

もう一人は、ほっぺたが赤くてタレ目でニコニコしている。何かお酒に酔ったような顔だ。菓子パン片手に車の雑誌を開いている。名前を聞くと、ニコニコしながら「イワタ」と言った。彼は生まれてから今まで、一度も激怒したことがないんじゃないだろうかと思えるくらいのニコニコ顔をしている。担当は運搬だ。ウエムラさんもイワタさんも日系二世で、きれいな日本語を話す。見た目からは日本人と言われてもわからない。どこかの居酒屋にでもいそうなおじさんたちだ。

「ブラジルの車は高い」と、イワタさんが言った。税金が関係しているそうだ。トヨタのヴィッツでも、日本円にして五〇〇万以上するという。ポルシェになると二〇〇〇万円以上はする。「ブラジルでは大豪邸が買えちゃう」と、イワタさんがニコニコして言った。若い人ばかりかと思っていたけれど、四〇代の人も結構いる。ウエムラさんにイワタさん、それに強面ダシルバ。

隣のテーブルを見ると、日本人の若い正社員たちは反省会でもしているかのように下を向いている。たまにはしゃべるが、こっちのテーブルと比べるとかわいそうに感じるくらい、雰囲気が暗い。すぐ隣にいるブラジル人と、もっとしゃべったらいいのにと思う。けれども日本人はそれができないんだよなあ、まるで違う部屋にいるみたいだ。

そういえば、日本人の社外工はこの休憩所に私以外、誰もいない。外でタバコでも吸っているのだろうか。

それにしても、ブラジル人はおしゃべりだ。休憩が始まってから一秒も途切れることなく、楽しそうな声がずっと聞こえてくる。テーブルの上にはチョコやビスケットの袋が開けられ、みんなに回ってくる。五〇歳くらいのおじさんでも、チョコの袋を開けて食べだす。それをつまみながら雑誌を見たり、いろんな話をしたりする。

こうして、休憩所をほぼ独占し、くつろぎまくっているブラジル人は全員、小松開発工業から派遣されてやってきた。ここ、ジェイテクト田戸岬工場では、現在（二〇〇七年二月末時点）、一六八人が小松開発工業から紹介され働いている（二週間ぐらいの試用期間を過ぎると、直接雇用となり、「期間工」とか「社外工」と呼ばれる）。

そのうちの日本人は、総務とライン作業に各一人（ともに女性）、そして私の三人のみ。私が唯一の日本人男性だ。残り一六五人のうちの九割以上がブラジル人。そして、あとの一割未満をアルゼンチン人・パラグアイ人・ペルー人など南米出身者が占めている。工場内にいくつ組があるのか知らないが、各組の休憩所へ行けば、必ずと言っていいほどブラジル人のおしゃべりが聞こえてくる。

小松開発工業は、もともと建設業でスタートした会社であるが、トヨタ系企業との取引を広げ、輸送や警備、人材派遣業と業種を拡大してきている。そして、今や「一〇〇億円企業に挑戦」するまでになった。運搬を担当しているブラジル人のケンジが言った。「（ブラジル人は）みんな知ってるよ。小松はこの辺じゃ有名よ！」。

ところで、今回の取材にあたり、私はポルトガル語を前もって勉強してきた。ラインで働きながら彼らは何を考え、どんなことをしゃべっているのかを知ることは有益だと考えたからだ。他の手としてボイスレコーダーも考えたが、動き回る中では声が途切れてしまうし、うるさい工場内では有効な手段とは言えない。

ポルトガル語習得に向けての出だしは順調だった。私がとった方法は、以前パチンコ工場で日雇い派遣として働いていたブラジル人・アウロを家庭教師として雇い、取材の一カ月ほど前から集中的に習うやり方だ。ところが、少し習い始めてわずか二、三週間後、彼は家族の事情で急きょブラジルへ帰国しなくてはいけなくなった。また帰ってくるかどうかもわからない状況のなか、ちょうどこの取材も始まり、毎日忙しくなってしまった。こうした事情があり、これまでの復習はしているものの、ポルトガル語習得は半ば頓挫したまま、この取材に突入している。

ポルトガル語で表現できない部分は、スペイン語で代用（以前、メキシコ人と働いていたのでスペイン語は多少使える）しているが、これは予想が外れた。思っていたほど通じないのだ。それでも、私がよくスペイン語を使うので、強面ダシルバは後日、私にあだ名をつけた。「peruano（ペルー人）」。髪が少し長めなのもペルー人を連想させたと思う。仕事中でも「ペルー、ペルー」といちいちからかってくるようになった。このあだ名の影響かどうかわからないが、誤解もまねいた。例えば、ブラジル人のケンジは二カ月間も私のことを本当にペルー人だと思っていたし、日本人社外工の長友さんは半年くらい経ったころ、「日本人ですか」と話しかけてきた。

休憩中ブラジル人と一緒にいて、スペイン語をしゃべっていたら、まず誰も日本人だとは思わない。

言葉は使うことによって覚えていくので、なるべくポルトガル語を使うようにしたが、要点を確認したいときなどはわかりやすい日本語で説明した。簡単な単語なら彼らは知っている。ただ、取材後半にした個人インタビューにおいては、ポルトガル語のみで行った場合もある。

また、通訳ができるブラジル人に協力してもらったりもした。場を和ますとき、本音を聞くとき、普段の会話をするときなど、どの言葉を使うかは、それはそのときしだいである。もちろん、どんなときも身ぶり手ぶりをできる限り使うのは言うまでもない。とくに、周りがうるさいライン作業中においては、一番よく通じることもある。

向かいでチョコを食べ続けている強面ダシルバや隣のウエムラさんに、もっといろいろ聞きたかったが始業の鐘が鳴ってしまった。みんなゆっくりと伸びをしながら、「行きたくねえー」って感じで立ち上がる。ウエムラさんの近くにいた若いブラジル人二人は、ふざけ合いながらラインへ向かう。ジュースを冷蔵庫へしまう者もいれば、出しっぱなしの者もいる。雑誌やお菓子はだいたい机の上に出しっぱなしだ。社員の方のテーブルには、飲み終わった眠気覚ましのドリンクが二、三本残されている。

北海道から出稼ぎに来た花巻さん

「最初、ラインに入ったんですけど、なぜかここに回されたんですよ」。仕事を再開した私は、横でずっと機敏に動き続けている花巻さんにグチっぽく話しかけてみた。返ってきた言葉は「オレもはじめは組み付けって聞かされてこの工場来たけど、はじめっから検査だかんね」と、「はじめっから」を強調して返してきた。似た境遇なのだ。

面接のとき、どういった仕事を任されるか聞いていても、現場の判断で簡単にピンポイントでパーツのようにはめこまれる。このジャストインタイム人材確保方式（必要な人手を、必要な時に、必要な数だけ、必要な個所）こそ、製造業が手にした最大の機動性だと言える。企業が漁師なら、漁をやめ魚の加工会社をはじめたようなものだ。漁は派遣会社に頼んで、網で大量にとってきてもらう。以前は釣り糸を垂れて労働力という魚を一匹ずつ釣り上げていたが、今は派遣会社が替わりにどんな魚でもかかったものを一気に引き揚げる。派遣会社は営業所を日本中に置き、いつでもどこの海からも魚を捕ってきて企業に売る。

花巻さんの出身地は北海道釧路市だ。釧路と言えば、北海道でもさらに東の方。ものすごく遠いところからきたわけだ。愛知県までは、まず苫小牧から敦賀までフェリーで二〇時間かけて来て、そこから車で来たという。日本海側から来たと言ったので意外に思った。「太平洋側を走るフェリーもありますよね」と聞いてみると、「でも、それで来ると三八時間もかかるかんね」と、花巻さんは言った。それを聞いて、面倒でも速い方を選んだことがすぐにわかった。太平洋側を走るフェリーは名古屋に着くから、普通に考えたらそっちの方がラクだ。いつか北海道を旅するときは、船で行ってみたいなあなんて考えていたが、花巻さんはそれを派遣先への交通手段として使ったのだ。

北海道から愛知へ、仕事を求めて出てくる人が多いのは事実としてわかっていたが、どのように来るのかまで考えたことはなかった。派遣先まで船と車で来たとは驚いた。こんな工場の仕事なら、札幌や東京、横浜にだってあるのではないだろうか。「派遣とは近場で時給のいい短期バイト」、これが私の持っていた派遣のイメージだ。北海道から愛知まで来るのは、単なる派遣とは違う。花巻さんは、ブラジル人と同じように出稼ぎなのだろうか？

「花巻さんはいつから働いているんですか」と聞くと、「今年の一月だよ」と言った。北海道から船と車で来たこと以上に驚いた。入社してまだたったの一カ月なのか。入ったばかりの派遣二人に検査を任せるなんて、パチンコ工場では考えられなかった。何しろ、私はまだ試用期間の、しかも初日だ。さらに、それとは別にもう一つ驚いたことがある。それは、花巻さんの素早い動きを見ていると、とてもまだ一カ月足らずとは思えなかった。ベテランのように無駄がない。今では完全にこの出荷検査場を任されている雰囲気が出ている。私も一ヵ月経ったらそうなるのだろうか。あたふた氏は「じゃ、頼むね」と、花巻さんに一言だけ言って、去って行ったきり戻ってこない。組長やライオン頭の茶髪の青年も、誰も様子を見に来ない。花巻さんは、それくらい信頼されているのだろうと、そのとき思った。

０６ラインでの花巻さん

花巻さんはなかなか体力がありそうだ。まず動きを見ていてそう思う。とにかく、フットワークがいい。若いころからずっと野球をしていたそうで、「足と肩には自信がある」と言った。私も野球をしていたから、野球をしていた人の雰囲気がなんとなくわかる。野球選手みたいに作業帽を深めにかぶっているせいもある。草野球ではセンターを守っていて、「特に一塁ランナーを三塁で刺したときなんか、一番気持ちいいね」。北海道出身だから、プロ野球は日本ハムのファンかと聞いてみたら、「別にそういうわけじゃないんだけどね。一応、応援はしてるけど、ほら、来た（北海道に移転した）ばっかでしょ。

だからそんなに愛着が湧かないんだよね」と言った。

花巻さんとの共通点は、野球をしていたこと、それくらいしかない。私が外国をいろいろ旅したと言うと、すごいねぇと驚いて言った。

「オレなんかハワイしか行ったことがないかんね。隣に黒人がいるだけで緊張したもんね。だから尊敬するなあ、そういうの。だいたい釧路には外国人なんてそういないかんね。……北海道にはそんなブラジル人とか中国人とかフィリピン人とか固まっていないもん。まえ茨城いたんだけどさ、ファミレス行ってさ、どっかから中国語がワアッと聞こえてきたときはビックリしたもの」

外国人と言えるのは、ウォッカ片手に顔を真っ赤にさせたロシア人漁師たちが、酒の臭いをプンプンさせながら稚内に寄港したときぐらいだと言った。花巻さんは話しやすい。そして、どこか親分肌のところがある。

検査をしながら話しかけるのはよくないと思ったから、一パレット終わるごとに少しずついろいろなことを聞いた。

花巻さんはバツイチだ。中学三年の女の子と、小学三年の男の子の二人の子供とはもう何年も離れて暮らしている。一人暮らしが長くなった。また、一パレット検査。

今は車で一五分くらいのところにある人材派遣会社が用意したアパートで、一人暮らしをしている。お昼ごはんには、いつもオニギリを作ってくる。節約のためだという。私は工場の二階にある食堂で済ませることにしている。

「さっき何を食べたの」。昼食後（といっても午前二時ごろ）、花巻さんが聞いてきた。「カレーとサラダです」。「いくら？」、「四二〇円です」。「もったいない」。また、一パレット検査をする。

花巻さんの派遣会社は、伸光《しんこう》という。伸光の時給は一三四〇円スタートである。一方、私の派遣会社である小松開発工業は、四〇円低い一三〇〇円のスタート。伸光の契約書では、初めの三カ月間皆勤すると、時給は五〇円上がって一三九〇円になる。花巻さんは「まずはそれを目指して頑張っている」と言った。その次は、さらに七カ月間休まず出勤すると、さらに五〇円上がる。

仕事を始めてから一〇ヵ月間、一日も休まなかったら、一〇〇円時給が上がるわけだ。ただ、風邪で一日でも休んだら、どれだけ仕事ができても上がらない。それに、後日花巻さんから見せてもらった伸光の契約書には、注意事項としてはっきりとこう書かれている。

「＊自分の勝手な判断で時給が上がると思わないでください」

派遣会社が労働者側に立っているのか、それとも会社側に立っているのか、誰にでもわかる。なお、最初の二週間ぐらいは試用期間がある。その間は派遣会社に雇われている「派遣社員」だ。その後、ジェイテクトの「直接雇用」になる。だから、今の時点では私は「派遣社員」で、一カ月経っている花巻さんは、人材派遣会社の伸光が保証人になって、ジェイテクトと「労働契約」を結んでいる。

ちなみに、この組では私たちは社員から「期間工の人」とか、「社外工の人」と呼ばれている。ジェイテクトと期間を決めて労働契約を締結しているから、その意味では「期間工」であるが、なぜか「社外工」という言い方も使われている。これは契約に反した事実ではない表現だと思う。がしかし、後で述べるようにブラジル人の実質的な扱いは、「社外工」という表現の方がピッタリである。働いている期間が長くても、社外工的な扱いは変わらない。そういった理由で、本書においては、「社外工」という言葉を使っている。

また、五キロのダンベルを持ち上げる。一パレット終わる。今度は花巻さんから話し始めた。「最初組長と、なんか面接みたいなのあるでしょ。あんとき、『正社員は無理』って言われた。直接はっきり言われたかんね。三九だからダメなんじゃないの」。

案外、何でもないことのように言う。朝礼のとき、円の真ん中でしゃべっていた人が組長だ。私には「頑張れば社員になれるよ」と言ったのに、この違いはなんだ。学歴か、それとも七つ違いの年齢か。

花巻さんはとっても気さくでしゃべりやすい。仕事についてもきちんと教えてくれるから、

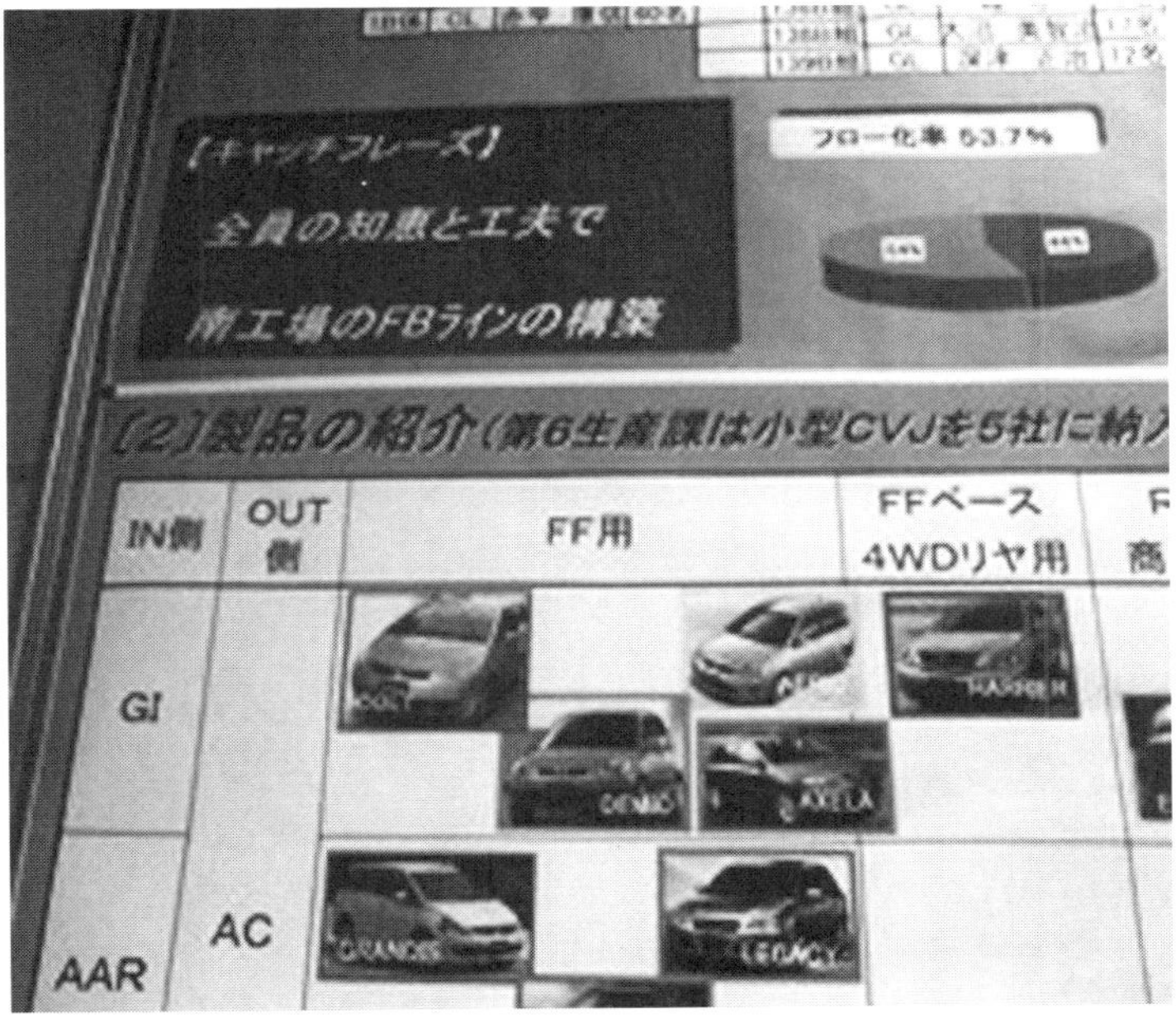

第6生産課で作っている車種

これから安心して仕事ができそうだ。

　そう言えば、ここへ私を連れてきたあたふた氏は、あれからこの検査場には一度も来ていない。私をこの検査場にはめ込んだら、あとは花巻さんとやらせとけ、といった感じなのか。

　初日の作業を終えた。結局、時間切れで二三パレットしか検査はできなかった。ノルマより三パレット少ない。検査できなかったものが、レールの上に四パレット残っている。残業を一時間一五分やって、午前七時四五分に終業する。天窓を見上げると、外はすでに明るい。

先ほどまで、後ろの通路をうるさく走り回っていたリフトがいない。替わりに、作業者が五、六人ウロウロしている。作業ズボンのポケットに手を突っ込んだり、飲み物を片手にしたりして、時間をつぶしている。このあと八時一〇分から、もう反対番のB組がラインを回すのだ。私の検査の場所にも誰かが入るに違いない。まったく同じことを同じ場所でやる。そして、彼らが終わる今日の夜には、また私たちA班がラインを回す。これが昼夜二交替制か。二四時間回しっぱなしといった感じだ。仕事を終えた日にまた出勤することを考えると、一日に会社に二度来ているように思え、それは少し異様な気さえしてくる。そんなことを思いながら、急いで作業台の掃除をする。今日は二三パレットだから、一三八〇本検査した計算だ。前輪か後輪か知らないが、自動車一台につき二本使われるはずだから、今日一日で自動車六九〇台分検査したことになる。それでもノルマより九〇台少ない。

左腕全体が張って熱い。身を乗り出して左手でダンベルを持ち上げていたからだ。腰も重い。五キロのダンベルでも、千何百回も持ち上げたら疲れる。体力には自信があるが、やり始めの一週間くらいはつらくなりそうだ。また天窓を見上げると、先ほどより差し込む光がより明るくなっているのがわかる。気が張っているから全然眠たくない。でも、帰ったら早めに寝なくては。今日の夜、また出勤してここに来るのだ。辺りを見渡しても、あたふた氏も組長も見当たらない。花巻さんがあがろうと言うので、二人で手を洗って誰にも挨拶せずに帰った。

入社して三日目の朝礼が始まる。円陣を見渡すと、今日は何となく人が少ない。休憩のときウエムラさんに聞くと、「二人辞めたんよ」。一人は〇六ラインで二年間働いていた二二歳の青年。時給が一〇〇円高いアイシンへ行くか、それとも一度ブラジルへ帰るのか悩んでいたそうだ。もう一人も若いブラジル人で、まだ入社して一カ月だった。アイシンへ乗り換えたらしいと、みんなウワサしている。

翌日も人が少なかった。花巻さんに聞くとこう言った。「伸光《しんこう》の三人が休んでいる」。伸光というのは、人材派遣会社の名前で、おもに北海道・東北から人を連れてきている。花巻さんも伸光だ。小松開発工業からは、ブラジル人が一七〇人ほど派遣されたが、伸光からは、約五〇人がこの工場で働いている。内訳は大体、北海道から一〇人、東北から四〇人だと営業の人が言った。沖縄からもたくさん来ている。ここは、まさに「出稼ぎ派遣工場」である。

今日休んでいる三人のうち二人は、秋田出身の若い佐藤兄弟だ。朝礼ではいつも円陣から外れ、話など全く聞いていない態度の茶髪の二人だ。「あの二人って、いつ入社したんですか」と花巻さんに聞いてみる。「池森さんよりほんの二、三日早いだけだよ。なんか兄貴のほうが辞めたいらしいんだよね」と花巻さんが教えてくれる。

あとの一人は、北海道出身の伊林という名の二一歳の青年だ。以前、この工場で働いていた友人の紹介でここへ来た。休んでいる理由はわからない。この組では、二〇代と四〇代が多い印象だ。三〇代の私と花巻さんは珍しい。

入社して四日たつが、初日以外、リーダーや社員とはまだ一度も接触がない。仕事では花巻さんと、休憩中はブラジル人としゃべるだけ。仕事が終わったら、手を洗って帰る。ただそれだけ。仕事の帰り道、花巻さんが言う。「ここは（ラインが）回っていればいいんだよ。みんな自分のことをやっているだけ」。

本当にそんな感じだ。そして、続けて言った。「それでも仕事があるだけましだよ。北海道はいまだに不景気だかんね」。

一三八組の正社員たち

私と花巻さんが検査している五キロくらいのダンベルは、正確には、等速ジョイント、通称「CVJ」と呼ばれる駆動部分である。ものすごく簡単に言えば、タイヤが付く軸の部分だ。この工場ではトヨタや三菱、スズキなどのCVJも作っている。

前述のとおり、製品は通称オスとメスと呼ばれ、二種類に分けられている。シャフトが飛び

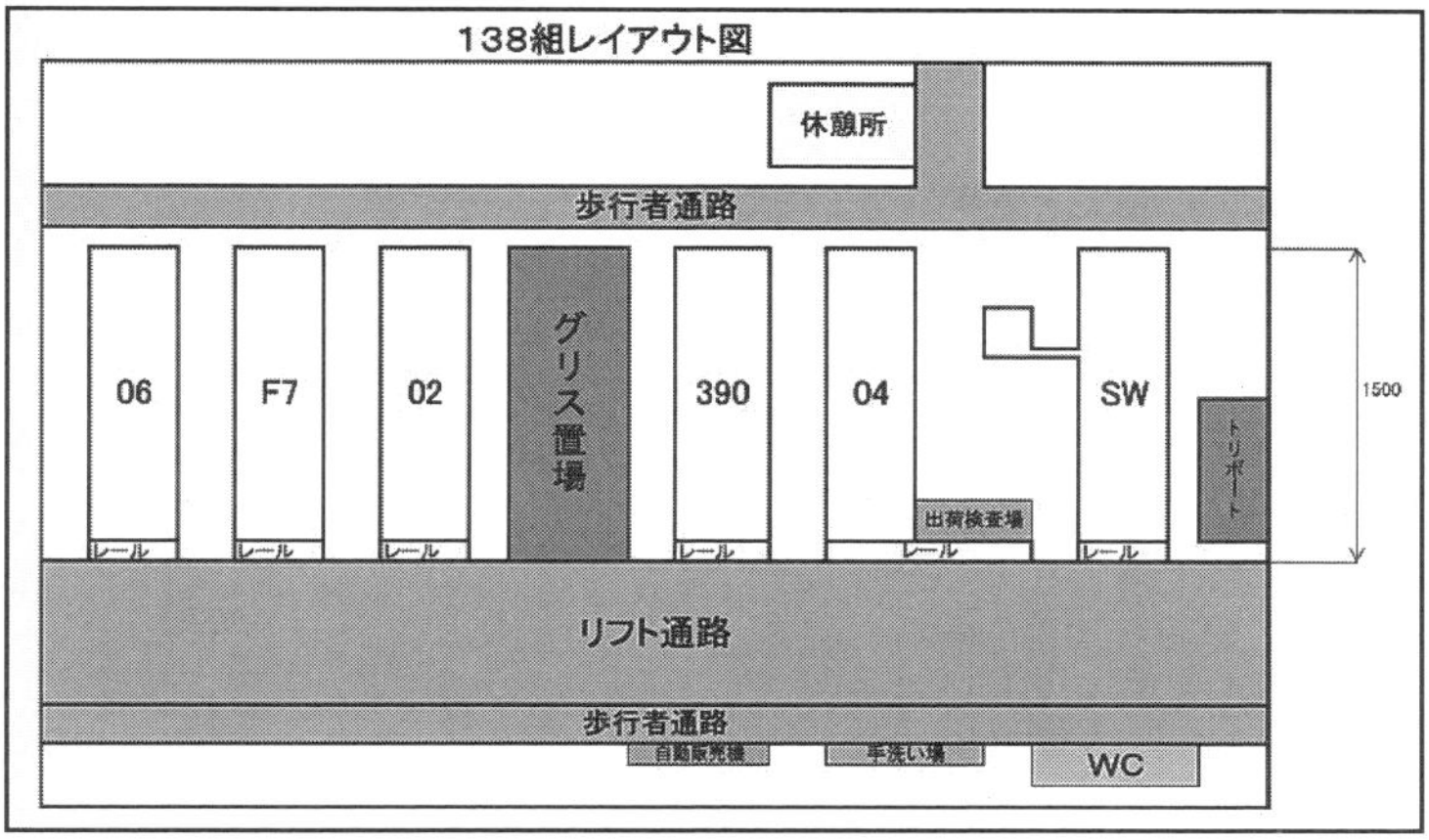

出しているほうがオス、先端に穴があいているのがメスだ。誰が付けたか知らないが、わかりやすいことはわかりやすい。

この一三八組には、図のように六本のラインがあって、それぞれ名前が付いている。ラインはすべて少しずつ違っていて、各ライン違うCVJを作っている。しかも、一つのラインで何種類ものCVJ（等速ジョイント）を作っていたりするから、この組全体で何種類のCVJを作っているのか正確にはわからない。ざっと一〇から二〇種類といったところだろうか。

各ラインの人数と生産数は、例えば次のようなものだ（二〇〇七年四月一日の昼勤）。

ＳＷ　（六人）九五〇本
〇四　（五人）一〇〇〇本
三九〇　（〇人）
〇二　（三人）九二二本

F七　(四人)　一二一八本
〇六　(六人)　一〇七七本

一三八組は合計三五人いる。内訳は正社員一二人、社外工二三名で一対二の割合だ。正社員かどうかは、バッチの色でわかるようになっている。白は正社員で青は社外工だ。一一人いるブラジル人は全員青バッチを付けている。三五人のうち、ラインに入っているのが二四人いる。ラインに入れば、正社員でも社外工でも仕事内容には何も変わりはない。経験や仕事の速さによって、受け持つ工程が多少変わるだけだ。残り一一名は次の通り。

＊組長（二人）。いつもパソコンと向かい合っている存在感のない吉野と、社外工を「オマエ」と呼び、道具のように人を使うボス猿マカコ。

＊ライン外（二人）。あたふた氏とペオン長。リーダーとも呼ばれるが、ボス猿マカコに使われるだけ使われている。仕事は新人の指導や機械の修理の他、人手が足りないときはラインにも入る。

＊トリポート（二人）と呼ばれる前工程。

＊出荷検査（二人）。これは私と花巻さんが担当。〇四ラインと〇六ラインで作られたものだけを私たちが再度検査をするのは、以前、不良が出たからだそうだ。

１３８組の構成表

		名前	年齢	勤続年数	役職・役割	国籍
正社員	1	組長	45?	不明	組長	日本
	2	マカコ	34	16年	組長	日本
	3	あたふた氏	40?	不明	ライン外	日本
	4	ペオン長	23	6年	ライン外	日本
	5	正社員	22	5年	ライン	日本
	6	コナン	21	4年	ライン	日本
	7	鬼太郎	20	3年	ライン	日本
	8	正社員	19	2年	トリポート	日本
	9	正社員	18	1か月	ライン	日本
	10	正社員	18	1か月	ライン	日本
	11	正社員	50?	32年	ライン	日本
	12	正社員	40?	不明	ライン	日本
	13	正社員	40?	不明	ライン	日本
社外工	14	長友	25	3年	ライン	日本
	15	中村	40?	3年以上	ライン	日本
	16	島袋	29	2年	ライン	日本
	17	平目	40	7か月	ライン	日本
	18	比嘉	22	5か月	ライン	日本
	19	平村	20？	不明	ライン	日本
	20	金城	22	5か月	ライン	日本
	21	花巻	39	3か月	ライン	日本
	22	伊林	21	3か月	ライン	日本
	23	池森	32	2か月	ライン	日本
	24	汐谷	20	1か月	ライン	日本
	25	ミヤモト	45?	5年	運搬	ブラジル
	26	ファビオ	45?	4年	トリポート	ブラジル
	27	ケンジ	43	2年	運搬	ブラジル
	28	ハルヒコ	41	2年	運搬	ブラジル
	29	イゴール	20？	2年以上	ライン	ブラジル
	30	ロドルフォ	21	1年8か月	ライン	ブラジル
	31	マリオ	31	1年以上	ライン	ブラジル
	32	ミキオ	46	5か月	ライン	ブラジル
	33	ダシルバ	46	4か月	ライン	ブラジル
	34	ウィリアン	35?	2か月	ライン	ブラジル
	35	トシアキ	20？	不明	ライン	ブラジル

2007年4月時点

＊運搬（三人）。組み付けるための部品を補充する。

「サービスでやっていけ！」

働き始めて十日ほどたった三月六日。組長の「きのう不良が出た」という言葉から、朝礼が始まった。周りの機械の音がうるさい。みんな半歩か一歩前に出て、円陣がいつもより小さくなる。それでもまだうるさい。不良の内容については聞き取れなかったが、ここはわかった。「これがメーカーまでいって、車が製造されるところまでいくと、走行中にタイヤが外れ、人が死にます」

組長がそう言ったとき、とっさに思った。「どうか、自分が検査したヤツではありませんように」。もし、検査もクビにされたら取材自体がパーになる。それが怖い。

一方、ブラジル人の顔を見ると、「よーわからんけど、不良が出たらしいがや」くらいの顔をしている。今朝は特別に小松の通訳が来ていて、組長が言ったことをポルトガル語で話すが、すべては通訳していない。最後のほうは訳さなかった。ただでさえ機械の音ですべては聞き取れないのに、訳さなかったらわかるはずがない。全部伝わった人などいない朝礼だった。なんとなく報告しただけで作業は開始された。休憩中、ブラジル人たちはいつもどおりお菓子を食べながらのおしゃべりをして、ふざけあいながらラインへ向かった。

不良が出たのは、私たちが検査しているラインのものではなかった。ひとまずホッとしたが、私は今日一日、いつもより慎重に検査した。結局不良は出なかった。ここでも驚かされたのは、検査場に誰も来なかったことだ。「走行中にタイヤが外れ、人が死ぬ」かもしれないほどの不良が出たのに、今日も検査場はほったらかしか。

「人が替わったときに不良は出やすい」

パチンコ工場で不良が出たときに、工場長がタバコをふかしながらよくこぼしていた言葉だ。その工場長は人材派遣を使いたくないと考えていた。経験上わかっていたからだ。けれども社長は、売上のことで頭がいっぱい。とても出来そうにない大きな仕事を取ってきた。「派遣をどれだけ使ってでも作れ！」と、工場長にプレッシャーをかけてやらせていた。そんな状況で、工場長のストレスはいつもピークだった。納入数を作ることを優先しなくてはいけなかったから、人材指導などは後回しになった。まだ慣れていないから、不良ばかり出た。そして、次は不良の手直しが優先で、人材指導は結局出来なくなった。だから、手の遅い派遣は見切ってどんどん切った。そして、また新人を入れた。悪循環だった。けれども、下請け企業は取ってきた仕事をこなさなくては次の仕事がもらえない。現場は、「ただ納入数を作るだけの場所」になった。「派遣ばっかり使ってもいいものは出来んて」という、工場長の言葉が頭の中で何度も繰り返される。
四、五日前に入社したブラジル人は、昨日辞めていた。小松の営業の人は、今日も新しい人を見学に連れてきている。ほぼ毎日誰かを連れてくる。それほど人の入れ替わりが激しいのだろう。ここも手が遅くなければ誰でもいいのだろうか。
定時近くになると、花巻さんが残りの検査前のパレット数を数える。いつもの日課だ。三、四パレットくらいなら、反対番のために残して帰ることができるが、それ以上残っていれば、残業していくのが暗黙の了解となっている。いつも四パレットより多く残っている。定時で二六パレットはできないからだ。

一時間残業して、なんとか二六パレットをやる。やはり、定時でノルマを終えるのは無理。花巻さんは入社してもうすぐ二ヵ月になるが、車種も知らなければ、検査をしているのが車体のどこの部分なのかも知らない。

「こんなに作って、ほんとに売れるのかねえ」、花巻さんがポツリと言う。二六パレット終わっても、誰も何も言いに来ない。働き始めて一〇日だが、毎日こうだ。本当にこの出荷検査は重要なのだろうか。まったく我々はほったらかしだ。二人で手を洗って、誰にも挨拶せずに帰る。

帰りの車中、花巻さんと仕事の話。組付けラインがこの組の中心で、「（相手にされない）ここは別格だから」と花巻さんが投げやりに言う。それでも、出荷検査は私と花巻さんの人材二人でやっている。「ここは人材使い放題ですね」と私が言うと、「ここは、人材の使い捨てだよ」と花巻さん。

三月一七日の夜勤明け。朝六時四五分。今日ももちろん残業がある。また、二四パレット目だ。やはり、定時で二六パレットは、無理。身を反転させ、五キロのダンベルを持ち上げようとすると、ペオン長が一人で帰っていくのが目に入った。挨拶もなしに一人で帰っていくのか。同じ組なのに。何だか気持ち的にとても距離がある。とにかく、二六パレットやって早く帰りたい。二〇秒の検査を急ぐ。一五分後の七時ごろ、また振り向いてダンベルを持ち上げようとすると、組長が手を洗っているのが見える。そして、挨拶もなしに一人で帰っていく。朝礼以外、組長を見かけるときと言ったら、手を洗って帰るときぐらいだ。帰るときは、もちろん何の言葉もない。なんだか、わざとこっちを見ないようにして歩いているみたいだ。それを見ていた花巻さんが、怒りを抑えた低い声で言う。「ボーナスもらっているんだから、残業くらいやってけよ。オレらは働いた分しかもらえねえんだぞ。まったくアタマにくるなあ」。

残りのパレットを見る。あと二パレットやったら二六パレット、帰れるぞ！。二〇秒の検査を急ぐ。四〇分後の七時四〇分。最後の二六パレット目をようやく終えようとしたとき、横からヌワッと身長一八〇センチくらいのマカコが突然やってきた。マカコはこの組に一六年いるボス猿で、存在感のない組長の下で、部下に対する実権をほぼすべて手中におさめている（のちに、マカコも組長となった)。ちなみに、マカコはポルトガル語で〝サル〟の意味。

「あと一パレやっていって。そうすれば(残りが)三パレだけになるから」

ボス猿マカコはそれだけ言ってどこかへ行った。こう言われると、私たちはただそうするしかない。反論すればどうなるかは、わかりきっている。花巻さんも私も、もう急ぐ気にはなれない。仕事中、誰かに話しかけられるときは、こうしてボス猿マカコに使われるときぐらいだ。この組では役割が明確に分けられている。ラインの人は、予定の数を作ったら終わり。検査を手伝ったりしない。その逆もない。みんな自分の担当のノルマだけをやり終える。そして、やり終えた者から、いなくなる。

一昨日から、五〇本増産で日当たり一四四〇本から一四九〇本になっている。パレット数で言うと、二五パレット弱。ノルマの二六パレットより少ない。ところが、反対番が検査している数が少ないから、こっちにしわ寄せがきているのだ。そんなわけで、今日は残業時間ギリギリの八時までやって二七をパレット検査した。けれども、そんなことはマカコには関係がない。

翌週火曜日。六パレット残っているところからのスタート。ときどき、北海道出身のリフトの佐々木さんが花巻さんに冗談っぽく話しかける。それ以外、誰一人声をかける者はいない。五キロのダンベル上げと二〇秒の検査。これを八時間、一四〇〇回くらい繰り返して、今日も定時を迎える。菓子パンを買ってきて、休憩所でウエムラさんたちとしゃべりながら食べる。ブラジル人たちはそれにしてもおしゃべりだなあ。いまのところ二四パレット検査した。ノルマまであと二パレット。残業代は、一五分単位でつくから、あと四五分やれば終わるな。

残業が始まる。何人かが「あー、行きたくねえけど、しゃあねえなあ」って感じでイスから立ち上がり伸びをする。手袋をはめて、五キロのダンベルを持ち上げる。あと二パレ。一二〇本だ。

しばらくすると、ボス猿マカコが突然横からヌワッとやって来た。「一時間ぐらいやって、二七パレやって」。

それだけ言って去って行った。いきなり、六〇本追加された。すでにノルマを超えている。これは残業だぞ。もっと言い方があるだろ。一時間後、三パレット検査して二七パレットになったのであがろうとすると、またマカコがやってきた。次は何だ。やってくるなりニヤニヤしながら、花巻さんに言った。

「もう一パレ、サービスでやっていけ！」

これには花巻さんもアタマにきた様子で、マカコが立ち去ると憤慨して、そして珍しく手を止めて言った。「ふざけるんじゃないよ。もし定時で（検査していないものが）二パレくらいしか残ってなかったら、その時点で（検査済が）二四パレでも帰っていいんだよ。後で（ラインから）

出てくるのはせいぜい二パレくらいだから、四パレ残しても大丈夫なんだよ」。

花巻さんの言い分はよくわかる。反対番が仕事を始めても、最初の一パレットが出来上がるまでに四〇分くらいはかかる。その間、出荷検査の手があかないように、検査前のものを三、四パレット残しておいても問題はないということだ。しかも今日は、反対番が六パレット残しているところから私たちはスタートした。そして、二七パレット検査した。もう十分なはずだ。でも、そんなことはボス猿マカコには関係がない。「サービスでやっていけ」。我々は動かされるコマだ。

細かいキズの検査

三月二四日、土曜日。入社して一ヵ月経った。最近、花粉症がひどい。ときどき鼻をかむが、それとて手袋をはずしてポケットからティッシュを取って、また手袋をはめて……。二〇秒くらいはかかる。一本分検査が遅れる。こんなことを気にし始めていると、本当に〝いいコマ〟になってしまう。

仕事が始まってだいたい二時間。今日はなんだか、ラインから完成品が出来上がってくるペースが遅い。ラインでトラブルが起こっているわけではないようだ。なんとなく、ラインからは休み前のゆるい雰囲気が、この検査場にいても伝わってくる。この出荷検査をはじめて一ヵ月くらい経った。体もだいぶ慣れてきた。こんな日ぐらいは、私たちもしゃべりながらゆっくり仕事がしたいものだ。でも、こういうときに限って、のんびりしていられない。

今日の製品には、なぜかやたらとキズが多い。特にメスの先端には、スパークや細かいキズがほとんどすべての製品にある。近頃、このキズが多いなあとは思っていたが、今日の製品はとくにひどい。私たちはいつものように紙ヤスリで一本一本削っていく。ラインのペースが遅いから助かっているものの、これが通常のペースだったら、二六パレットなどとうてい不可能だ。細長い紙ヤスリで、長さ二、三ミリ、幅〇・五ミリもないようなキズも、目立たなくなるまで磨き上げる。この出荷検査のなかで一番面倒くさい作業だ。隣の花巻さんは、左端の私の磨いたところを目視検査し、かつ右端を磨いて、最後に全体の検査もする。花巻さんはとにかく仕事が早い。こういった検査の仕事でも、昔やっていたのだろうか。

それにしても、最近の製品は悪すぎる。とくに、この二六番はキズが多くて磨くのに時間を取られる。これでは検査が仕事ではなく、研磨が仕事みたいになってくる。

「こういった細かなキズも削らないとダメですか？」

私は細かなキズのなかでも、さらに細かめのキズが付いたものを、花巻さんに見せて聞いてみる。こんな細かいキズは問題ないと思っていたからだ。それに、もし全部削っているとすごい時間がかかる。そんなようなことを言うと、花巻さんは「やってないの？」と聞き返してきた。正直、あまりやってはいない。今日は自分の中で基準を少し甘くしていたが、私は「やってますよ」と答える。すると花巻さんは「ほんとに？　じゃあ、なんで（キズが）残ってるヤツが流れてくるの」と突っ込んでくる。花巻さんにはバレている。私は「このくらいの小さなヤツは流していいます」とすかさず言い、なんとなくやんわりとかわそうとするが、花巻さんは「あ、そう」と冷たい感じで言って、なんだか納得がいかない表情をした。とりつくろうとしてもダメだ。花巻さんとの間に、少し険悪な空気が流れた。私がまた作業に戻ろうとしたら、「オレもこういった細かいキズは全部とおると思うよ」。

花巻さんも私も、不必要な作業をしているのではと感じていたのだ。私は今後の取材のことを考慮し、基準をはっきりさせておきたいと考えた。仕事に労力を取られないならそれにこしたことはない。それに、社外工同士で悩んでいても仕方がない。「一度聞いてみましょうよ」、そう私は言った。

初めて社員にそのキズについて聞いてみることになった。通りがかったペオン長に花巻さんが聞く。最初彼はあっさりと、「大丈夫です」と言ったが「一応聞いてきます」と言うと、製品を持ってどこかへ行った。しばらくして帰ってくると、「オーケーです」と別に何でもないことのように答えた。花巻さんが「前任者が磨いていたから磨いていた」と言うと、「ああ、そうだったんですかあ」と、すこーしだけ済まなさそうにペオン長が言った。今度は私が、二六番にはほとんどすべてにキズがあることを告げると、ペオン長はこう言った。「今まで、メスの先端のキズで捕まった（納入先のメーカーで不良扱いされた）ことは一度もないですし……以前はここを見てもいなかったんですけど」。

拍子抜けするような説明だ。最初から全然問題がなかったことを知って、花巻さんはガッカリというより、ガックシきた様子だ。そもそも、今までは見てもいなかったところを、花巻さんと私は一生懸命磨いていたのだ。

実は以前にも一度、そのキズについて触れたことがあった。そのとき、花巻さんはもしキズを取らなくてもよくなったら、「オレたちの仕事めちゃくちゃラクだよ」と言ったりしていた。そんなラクでいいはずがないとでも言いたげな感じだった。私はどう考えても基準が厳しすぎると最初から感じていたけれど、花巻さんの反応を見て、キズの基準についてはあまり強く主張しない方がいいと思った。基準を甘くするのを、仕事をサボるととらえられてしまう恐れがあると感じたからだ。私はなるべくメスのキズの基準については、口を挟まずに花巻さんに合わせてきた。ただ今日は、花巻さんほど厳しく紙ヤスリで削ってはいなかったから、ちょっと突っ込まれてしまった。

ペオン長がいなくなると、花巻さんが「池森さんが聞いてくれてよかった。オレは前の人から教わったのが基準だと思っていたから」と言った。私はまた、ふとパチンコ工場で工場長が言っていた言葉を思い出した。「検査ははじくのが仕事じゃない。はじくのは簡単。基準を厳しくすればいいだけのこと。通すことが検査。迷ったら一度通してみろ。向こうではじかれたら、それを基準にしろ」。

不良が出るたびにミーティングがあった。検査をしていた者は、プレッシャーはあったが、みんなから一目置かれる存在だった。

ところが、ここは違う。私は検査の基準を花巻さんから聞き、花巻さんは前任の社外工から聞いた。そして、なんとなく検査を始めた。始めて数カ月の派遣同士で教えていたら、検査の基準などどうにでも変わっていく。ペオン長も組長たちも、私たちがどういった基準で検査をしているのか確認しようともしなかった。いつものように、ほったらかしだった。

そのときから、キズやスパークはそのまま通すことになった。検査は「めちゃめちゃラク」になり、スピードは流れるように速くなった。一九パレットを検査して定時で終業。土曜日だからか少なめで終わった。いつものように、組長もリーダーも何も言ってこない。誰にも「お疲れさま」と言われないまま、私と花巻さんは手を洗って帰る。

最寄り駅に送ってもらう途中、ハンドルを握りながら花巻さんが言い捨てる。「ここの社員は帰るのはえーな。挨拶も何にもしねーよ。人との関係ないもんな。オレ、そういうの嫌なんだよね」。

組長やあたふた氏から挨拶されたことなど一度もない。ボス猿マカコなどもってのほかだ。ちょっと変な感じはしていたが、私は花巻さんほど強くは思っていなかった。花巻さんは、それが何かとっても気に入らないようだった。

第三章　出稼ぎのブラジル人労働者たち

銀行員だったミキオ・ウエムラ

この出荷検査のところは、人がよく替わるらしい。去年の暮れまでは、ウエムラさんと九州からきた中年の男性がやっていた。けれども、ウエムラさんがあまり速くないということで、新しく入社してきた花巻さんが、ウエムラさんの替わりに入った。ウエムラさんは、〇四ラインの検査へ回された。これでうまくいくかと思われたが、そうはいかなかった。その九州の人は、朝礼にも出ない、よく休む、そのくせ仕事ではとても厳しいことを言うと、まあ、とにかく仕事のやりにくい人だったそうだ。そして最近、その九州の人が辞めた。

「正直、辞めてくれてよかった」

組長はそうもらした。九州の人が辞めると、花巻さんとウエムラさんが検査をやることになった。そして今回、私がここへ回され、ウエムラさんは再度〇四ラインの最終検査に回された。社外工はコマだから、いろんなところに回される。

この工場で働き始めて三ヵ月というウエムラさん（四六歳）は、サンパウロ出身の日系二世のブラジル人だ。身長は一六〇センチぐらいでずいぶんと小柄である。眼鏡をかけていて色白で少しふくよか、顔は徳光アナウンサーに少し似ている。両親は秋田県出身だけれど、ウエムラさんはまだ両親の故郷へ行ったことがない。「アキタまではどのくらいかかるの」と、ある日私に聞いた。

ウエムラさんの下の名前はミキオという。ブラジルでは、姓ではなく名で呼びあうのが普通だ。「店でも銀行でも関係ない。名札には『ミキオ』って書いてある」。ブラジルでは銀行員だったウエムラさんが言った。

フレンドリーだなあと日本人の私は思う。ブラジル人から見れば、なぜ日本人は姓で呼びあうのだろうと逆に考えるだろうか。私より一〇歳以上は年上のウエムラさんに、「じゃあ、『ミキオ』って呼んでもいいですか」と聞いてみると、「そりゃいいよ、もちろんさ」。とてもとても嬉しそうだ。

ミキオは今回も家族をブラジルに残してやってきた。以前二年くらい帰国していたが、また日本へ出稼ぎにやってきた。この工場の前は浜松のホンダの工場にいた。「この仕事を三年もやったら、妻にクビにされるよ」と言って、首のところに手をやり、クビにされるしぐさをした。「三年もブラジルに帰らずにいたら、離婚されてしまう、という意味だろう」。そのときは

０４ラインで検査するミキオ・ウエムラ

そう思ったが、あとから聞くと、もうこの時点で二年半帰っていなかった。そして、一年働いてから帰国した。

　ある日の休憩中、「池森さんはあとどれくらい（この工場に）いるつもり」と、ミキオが聞いてきた。まだ働き始めたばかりなのに、唐突な質問だなあ。どう答えようか考えていると、横で雑誌を眺めていたハルヒコが「定年まで」とニコニコしながら言った。

　多くのブラジル人は期間を決めて働きに来ている。一年とか三年とか。予定より長くなることはもちろんある。でも、故郷「ブラジル」

に帰らない者は、この組にはいない。勤続四年のファビオは、ずっとここで働きたいと言ったが、それでもいつかはブラジルへ帰るつもりだ。勤続二年のケンジは、会社近くにマンションを購入した。でも、「いつかは絶対ブラジルへ帰る」と言う。

おしゃべりのロドルフォ

休憩中はもちろんのこと、仕事中でもひときわよくしゃべる若者がいる。彼のいるラインをちょっと覗いたときも、横にいた太っちょなブラジル人と何やら楽しそうにしゃべっていた。何をしゃべっているのかわからないが、とにかく楽しそうにしゃべるか、そうでないときは笑っているかどっちかだ。ずっとそうやって横向きながらでも、両手だけは絶えず動かしている。そして、製品が一つずつ流れていって、出来上がっていくから面白い。半分遊びに来ているのかと思わせる。それでも、彼のいるＳＷラインは一番きついと言われていて、彼はその先頭をやっている。きつくないわけがない。

彼の名前はロドルフォ・ミナセ（二一歳）。無精ヒゲを生やして腹も少し出ているせいか、二五歳くらいに見えるのだが、まだ二一歳だ。

生まれたのは、ミナス・ジェライス州のベロ・オリゾンチ。そう言われてもさっぱりわからないから調べてみた。

「ブラジル南東部にあって金鉱脈の発見で発展した街。温暖な気候で住みやすく、モダンな建築物が並ぶ……町の人口は、名古屋市とほぼ同じ二四〇万人……」

小さいときに両親が離婚したこともあって、これまで引っ越しばかりしてきたという。ブラジリアやマリンガ、クリチバなど、どれも大きな都市ばかり。つまり、ロドルフォは、都会っ子だ。

「高校の卒業証書もない、すぐ引っ越したから。補習は受けていたから卒業はしたはず。毎日は出てなかったけど……」

高校を卒業していないかもしれないが、とにかく一八歳からは、路上の物売りをしていた。売っていたのは、帽子やCDケース、石鹸などだった。路上の物売りなんて日本ではもうほとんどいないが、ブラジルでは普通なのだろう。当時の儲けについて聞いてみる。例えば、一箱一〇ヘアイスの石鹸を売ると、ロドルフォには二ヘアイス入る。朝一〇時から夜の一〇時まで働いて、だいたい八〇ヘアイス（約四〇〇〇円）の稼ぎだった。丸々半日売りっぱなしはきついだろうが、一日四〇〇〇円ならブラジルでは悪くないような気がする。出稼ぎしなくてもよかったんじゃないかと思ったから、「どうして日本に来たんだ」と聞くと、「おふくろがいつもうるさかったからだよ。『あんな仕事辞めなさい！』って口うるさいから、いつもケンカしていたんだ」。

もう少し聞いてみると、もう一つ大きな理由があった。日本へ出稼ぎに行っていた父の存在だ。父は「(そんなにガミガミ言われるなら)日本へ来るか」と言ってくれた。ロドルフォがジェイテクトに来たのも、組は違うけれど父がこの工場で働いていたからだ。

「日本行きをおふくろに伝えたときに返ってきた言葉は、今でもはっきり覚えているよ。おふくろはこう言ったんだ。"E MENTIRA! VOCE NAO VAI AGUENTAR TRABALHARLA"(うそでしょ! あんたにはつとまんないわよ)」

そんな風に言われてもロドルフォの心のうちは、「気にしないね。マジで"ZOEIRA!"(解放された! これで騒げるぞ!)って感じだった」。

働きながら、やりたいことをやってきた。車が大好きだ。車で通勤している彼だが、大げさに言うと、会社に来るたびに車が違う。

①ホンダのライフ三五万円②三菱のミニカ③セルボ④ライフ⑤ワゴンR⑥ライフ(同じもの)⑦シルヴィア三〇万円、「(今までの中で)一番速いから一番好き」。

今乗っているので七台目。嫌いなものは、「ジェイテクトと警察。警察はドリフトを取り締まるから」。

来日したのは、二〇〇五年八月一〇日。「忘れないよ」。私が話を聞いたこの組のブラジル人も全員が全員言った。「来日した日は絶対に忘れない」。

私が大学へ行くために初めて大阪へ行った日は？　初めて海外旅行でアメリカの地を踏んだ日は？　そんなこと覚えていない。でも、二〇歳のときオーストラリアへ渡った日は、覚えている。四月の中旬だった。所持金五万円。仕事をするための渡豪だった。観光ではなく仕事のためなら、人は異国の地を踏んだ日を忘れない。その仕事が何かを手に入れるための出稼ぎなら、なおさらそうなのだろう。

ロドルフォ。SWラインにて

ロドルフォが来日したのは一九歳のとき。仕事は「むずかしかった」。はじめて覚えた日本語は「ザンギョウ」。

「この仕事好きか」、そう私が聞くと、そんなことを聞くまでもないじゃないかという顔をして、「マカコとペオン長が嫌いだ」。

この組に一六年いるボス猿、マカコが嫌いな理由。それは、人を名前で呼ばないから。いつも「オマエ！」と呼ぶ。日本でもこんな失礼なことはないが、名前で呼ぶのが当たり前のブラジル人からすると、これはアタマに来る。「それにマカコはとにかくうるさい」。

マカコ「あのラインに行け」。

ロドルフォ「いやだ」。

マカコ「じゃあクビだ！」

こんな人が、一六年もこの組にいて、現在組長をやっている。マカコの下で六年になる若い正社員たちのリーダー的存在のペオン長とは、もっといやな思い出がある。ある日、胃の調子が悪かったから五分遅刻をした。ペオン長は遅刻したことを注意したが、ロドルフォのほうはその日本語がわからず注意されていることはおろか、話しかけられていることにすら気がつかなかった。ペオン長はそれを無視されたと勘違いした。ロドルフォがラインに入って手袋をつけようとすると、ペオン長がやってきていきなり胸ぐらをつかんできた。仲間のチアゴが、あわてて後ろからペオン長の肩を両手でつかんで引き離した。ロドルフォは何も言えず、抵抗も反撃もせず、仕事を続けた。

「何がなんだかさっぱりわからなかった。とにかくあいつを殴りたかった。……あいつはストレスがあるとすぐキレる。以前から機械が壊れたりすると機械を蹴ったりする。思い通りにいかないとすぐ怒る。そうやっていつもイライラしているからリーダー失格だ」

あとからロドルフォは、ブラジル人の小松の営業に電話で事情を説明した。それでも、ペオン長から謝りの言葉はその後もなかった。「こういうことが起こったのは、オレがブラジル人だからだと思う。ブラジル人だから。それに正社員じゃないから」。

日本人の中のブラジル人に対する差別感情について、ケンジも指摘する。「そりゃあるよ。みんな感じてる。オレだけの意見じゃないよ」。そして、ペオン長の話を始めた。「あいつがまだ〇四ラインで働いていたころ、仕事中、日本人たちと何話していたかわかる？　ブラジル人の悪口。そのとき同じラインに（日本語のわかる）ニシガキがいて（隣から聞こえてくる悪口に怒って）、仕事中何度か帰ったことがあるよ」。

ケンジは、一九九八年六月に浜松で起きた事件も引き合いに出した。

「例えば、買い物しに、あるブラジル人が浜松の宝石店に入った。外国人だから帰れと言われた。新聞の記事になったよ。訴えて勝った。……日本人ブラジル人、オレには関係ねえ。別に差別されてもどうでもいいよ。店に行って断られても別にどうでもいいよ。別の店行くよ。日本人の心は変わらない。しょうがないよ」

こうした、ブラジル人の感じ方とは対極のところに、日本人の意識はある。

「（この組は）ブラジル人だけでいい。日本人（社外工）は文句が多いからいらない」。ボス猿マカコが、ある日本人社外工にポロッと漏らした言葉だ。ブラジル人から文句が少ないのは事実だけれど、なぜ少ないか、日本人は考えたことがあるだろうか。言いたいことがないわけではなく、実際はその逆で、差別感情がある日本人には文句を言うだけ無駄だと思っているだけである。

祖父母が沖縄人のイラン・ウィリアン

私のいる一三八組には、検査をしているミキオやニコニコ顔のハルヒコ、おしゃべりロドルフォに、強面ダシルバなど全部で一四人のブラジル人がいる。食事をとるときは、イラン・ウィリアン（三〇代半ば）と一緒だ。

向いに座ると、いつも笑顔で迎えてくれる。もちろん、ブラジル人と一緒にメシを食う日本人は一三八組の中では私だけだ。ウィリアンは、「日本食は嫌い」と言って、ごはんに醤油をかけて食べている。

ウィリアンは妻と三カ月の赤ちゃんの三人暮らし。来日して一年半が過ぎた。先日の休憩中、あたふた氏が彼のところに来て定時であがっていいと言うと、「ラッキーだ。仕事ある、大丈夫。仕事ない、大丈夫。家族、いちばん大事」。日曜日は、天気が良ければ、近くの衣浦公園へ家族でよく散歩に出かける。

ウィリアンは日系三世だ。父方の祖父母が沖縄出身で、そのため「ウチナンチュ」という言葉や、三線には蛇の皮が使われているということも知っている。ところが見た目は、日系人であるモンゴロイドには見えない。日系人だと言うとブラジル人も驚くそうだ。ウィリアンによれば、「日本人に見えない。前いた会社は、みんな『イラン！　イラン！』と呼んだ。イラン人に似ているから」。

彼の母はブラジル人で、両親はポルトガル語を使っていたため、日本語は日本に来るまではまったくできなかった。来日するまでは、サンパウロで経理の仕事をしていた。だから、ブラジルではスーツにネクタイでパソコンを使っていた。「でも見てよ、今じゃこんな恰好してるんだから」とでも言うように、油で汚れた作業着を見せながら笑った。

ウィリアンのように、ブラジルでは「スーツにネクタイでパソコン」だったブラジル人は意外と多い。ミキオもそうだし、ダシルバもそうだ。ケンジも勉強しながら夕方から銀行に勤めていた。その一方で、無職だった者もいる。

六月に入社してきたモジャモジャ頭の大男、カイオ（二一歳）だ。「ブラジルで何していた？」と聞くと、「何もしていなかった（笑）」。「バイトも何もしてなかったのか」、「何もしてなかった（笑）」。「じゃあ毎日何してたんだ」、「何もしてなかった（笑い続ける）」。私もなんだか笑えてきた。

「パーティーもしてなかった?」、「アハハッ! パーティーはしてた!(もっと嬉しそうに笑う)」。「つまり、バガボンド(怠け者)してたんだな」、「そうそう、ブラジルではバガボンド!(心が通じ合ったかのように笑い続けている!)」。

銀行マンでもバガボンドでも、ここではみんな一緒に休憩をとり、お菓子を食べながらおしゃべりをする。八月に入社してきたブルーノは私に言った。「ブラジルは、みんな友達。日本人の心は、閉ざしている」。

ブラジルは、みんな友達。一言でいえば、国民性か。日本人の感じる閉塞感、将来への不安。いろんな話になりそうだ。とりあえず、今事実として言えることは、銀行マンでも無職の若者でも誰でも、ブラジル人はお菓子を食べながら笑顔で何やらしゃべっているということだ。

辞めさせられていくブラジル人

私は会社へ行くときは、名古屋の中心部にある自宅から電車を乗り継いで通勤している。JR金山駅から刈谷駅まで行き、そこからは名鉄三河線に乗り換える。こうして取材をする場合、もちろん派遣会社の寮に住みこむのがもっともよいのだが、自分の事情で今回はそれができない。通勤に一時間以上かかるが仕方がない。

その名鉄三河線の北新川《きたしんかわ》という駅から、歩いて一五分くらいのところに工場はある。街灯はまばらで、あたり一帯は暗くてとても静かだ。畑と民家と、ちょっとした町工場くらいしかないようなどこにでもあるような田舎町だけれど、まったく知らない土地なので夜勤で出勤するときは、ときどき後ろを警戒しながら歩くようにしている。

夜勤のとき、工場への行き道で、自転車に乗って追い越していく同じ組のブラジル人が一人いる。その人は、とても年季のはいった黒いマウンテンバイクのペダルを、スローモーションのようにゆっくりとゆっくりとこいでいく。その速さは歩いている私とあまり変わらない。そして、だいたいの場合、不敵な笑みを浮かべながら軽く会釈をして通り過ぎていく。最初それをされたときは、あまりに不意でギョッとしてしまったが、直観的に悪い人ではないだろうと感じた。どんなブラジル人なのだろうかと、私は彼に関心を抱いた。その後、彼が通り過ぎるとき、一言二言、会話もときどきした。こういうことがあって、私は仕事中も彼に少し親しみを持っていた。ただ彼は休憩中ですら、ブラジル人とほとんどしゃべらなかった。仕事中はいつも独り言を言っていた。

彼の名はミヤモトさん。痩せていて、背は一八〇センチくらいある。日に焼けているせいか顔はシワだらけ。でも、年はまだ四〇代だと思う。この組では運搬の仕事を五年以上も担当している。いつも、作業服の中に厚手のフリースみたいなのを一枚着ている。いかにも着込んでいるといった感じでモコモコ姿をしている。そして、それでも寒そうに猫背でいる。運搬で台車を押すとき猫背になるから、よけいに寒そうに見えるだけなのかもしれない。そのミヤモトさんが五月三〇日、五年以上働いていた会社を突然辞めた。

確かに、その前から少し様子は変だった。ときどき仕事中に独り言を言うのはいつものことだったが、だんだんその独り言が大きくなっていた。あるときは、私が休憩中にジュースの自動販売機のところにいると、何か日本語で話しかけてきたが、言っている意味がわからなかった。何か言うと、すぐにその場を離れたから何と言ったのか聞くこともできなかった。ただ、ミヤモトさんは少し笑っているような、はにかんでいるような表情だった。それが私にとっては最後に近くで見た彼だった。そんなことがあった二日後、会社を辞めた。でもなぜか、翌日の朝礼では辞めたことについては何も触れられなかった。例え社外工であっても、辞めていくときはみんなの前で一言くらい挨拶するものだと思うのだが、この組ではそういったことは一切ない。だから、気づくといつのまにかいなくなっている社外工がたまにいる。まったく、冷たい職場だ。

「あれは絶対クビ」

そう言ったのは、ミヤモトさんと一緒に何年も運搬をやっていたケンジだ。彼によれば、精神的におかしくなっていたのは事実のようだ。「でも、ミヤモトさん本人は精神科へ行きたくはなかった」とケンジは説明する。ある日、田戸岬工場の専務と話をして、ミヤモトさんは「大丈夫、大丈夫」と言ったが、無理やり行かされた。知立の病院へ行った。医者は「ブラジルへ帰ったほうがいい」と言った。一週間ぐらい働いたあと、水曜日の夜勤まで働いた。木曜日に突然マカコから、「ミヤモトは来ない」とケンジは聞かされた。

「二週間ぐらいしてミヤモトさんから電話があった。（ミヤモトさんは）自分ではジェイテクトに戻れると思っていた。でも、オレは（もう戻れないと）知っていた。それでも、ミヤモトさんは一カ月ぐらいしたら戻れると信じていた」。そして、「あれは絶対クビ」と言った。

ミヤモトさんはジェイテクトで、五年以上働いていた。ブラジル人の中ではもちろん、日本人を含めた社外工の中でも一番の古株である。その五年間の中で一回か二回、風邪で休んだことがあるだけだという。有休休暇も使ったことがない。土曜日など任意で臨時の出勤があるときもほとんど出てきた。仕事は真面目で問題なんか少しもない。ただ、一人暮らしで、家族も友人も誰もいないそうだ。パチンコが好きで休日はたまに行っていた。

「家に帰っても誰もいないから、ぜったいおかしくなるよ」、「小松はずるいよ。ミヤモトさんが仕事できない人だったら仕方がない。でもまだできる」。口々にブラジル人たちは言う。

ケンジが以前働いていた三菱の工場でも、精神的におかしくなったブラジル人がいた。三菱は責任を取って、ブラジルまで担当者が連れて帰ったそうだ。

ミヤモトさんが来なくなってから二日後の帰り道、会社近くでケンジに会った。昨日の話の続き。「情けないよ……。こんなところ嫌だ。オレもいつクビになるかわからないよ」。ケンジに目には、うっすら涙が浮かんでいる。ケンジと別れてから、私はいつものように夜勤の出勤のとき、よくミヤモトさんと挨拶を交わした道を歩いて帰る。ミヤモトさんが五年間、毎日自転車で通った道を、私は歩いて帰る。彼は何のために五年間も働いていたのだろう。

後日私は、ラインに入れないかどうかマカコに聞きに行ったとき、ミヤモトさんが辞めた理由についてもそれとなく聞いてみた。するとマカコは、「変なヤツはいらない」と言い、ミヤモトさんの替わりに「運搬どうだ」と聞いてきた。少しでも問題があればすぐに切って、新しく補充する。勤続日数やそれまでの勤務態度など一切関係ない。

ミヤモトさんはその後ブラジルには帰らなかった。自分で仕事を探し、今は西尾のアイシンで働いているというウワサを聞いた。

「正社員にはならない」と言うケンジ

ケンジの本名はアントニオ・ケンジ・ホシノ。昭和三九年生まれの四三歳。私より一〇歳年上だ。いつも髪はボサボサで無精ヒゲを生やしている。それに銀ぶち眼鏡をかけていて、見た目はなんだか、徹夜の残業で疲れきったサラリーマンみたい。でも、彼は思っていることをはっきりと言う。執筆について打ち明けたとき、一番こちらの書きたい意図を汲み取ったのがケンジだった。

一一月のある日、ゆっくりと話を聞くために、ケンジの住むマンション近くの喫茶店で会うことにした。彼は時間通りに部屋着のまま、いつものようにボサボサ髪でやってきた。日曜日のパパそのままの恰好だ。すぐ隣に客がいたので、私が別の店にしましょうかと言ったが、「いいよいいよ」とまったく気にしていない様子。モーニングを食べながら、ゆっくりとインタビューをした。

ケンジは他のブラジル人たちとは違い、仕事中はあまりしゃべらず、黙々とこなしている。朝礼でもいつも組長の隣にいて、最初の印象では仕事人間かと思っていたくらいだ。けれども、ミヤモトさんの件ではっきりわかった。彼は仕事を見ているのでなく、日本人を一番よく見ているブラジル人だ。

出身はパラナ州センテナリオ・ド・スルという人口一万人足らずの田舎町で、農地のある実家は、さらに中心部から一〇キロほど離れている。

「田舎よ田舎（笑）。親はコーヒー作ってたよ。あと、蚕もしてた。でも、あれ、なんだっけ、あれあれ、あ、そうシモ（霜）でダメになった」

中学までは田舎で育ち、その後勉強のためにサンパウロへ行った。「兄と姉もサンパウロにいた。大学では土木工学を専攻した。（朝の）八時から五時まで勉強。六時から（夜の）一一時まで銀行の窓口で働いた。大学は中退したけど」。

ブラジルにいたときに銀行で働いていたのは、この組だけで四人（ダシルバ・ミキオ・ウィリアン・ケンジ）もいる。四人の共通点は、真面目なところ。彼らの給与は、それほど低くはなかった。どうしても生活苦に耐えられなくて、なんて答えたブラジル人はいなかった。ケンジの来日のきっかけも、「仕事に飽きていた」のと、「いとこが四、五人すでに来日していたから」というものだ。

一九九二年八月一九日。午後一時ごろ成田に着いた。「時間は一生忘れない」。最初に岡崎の三菱で働いた。そのときの派遣会社の名前を聞くと、「それは忘れた」。今回が四度目の来日。ジェイテクトが六社目。これまで日本で過ごした年月を足すと、軽く一〇年以上になる。これだけ長くいたら、日本は第二の故郷になるような気がするし、少しは考え方も日本寄りになりそうな気がする。でも、そんな気がするだけで、ケンジはやっぱりブラジル人だ。

「いつかは絶対ブラジルへ帰る。そりゃ当然よ。日本が嫌いとかじゃない。自分の国だから」。自分の国が「最優先」だ。

日本の好きなところはと聞いてみたが、なかなか答えが出てこない。三〇秒ほど沈黙してから、やっと「治安がいいところ」とだけ答えた。

日本の嫌いなところはと聞くと、「そんなにない」。そんなわけはないだろう。案の定、ブラジル人差別について話が及ぶと、「そりゃあるよ。みんな感じてる。オレだけの意見じゃないよ。……日本人は変わらない。しょうがないよ」。

去年、兄が糖尿病で亡くなった。携帯電話を持っていなかったため、その知らせはブラジルからまず小松に入り、小松からマカコに入り、最後に仕事中のケンジの耳に入った。すぐに帰ろうとしたとき、マカコが言った。「(今日)あとで出てこられたら出てきてくれ」。私はケンジに、ブラジル人だからそう言われたと思うかと聞いてみると、「それは関係ないね。あの人は誰にでも言うね。そういう人だよ」、「オレはジェイテクトの正社員にはなりたくないよ」と言った。

ブラジル人が「正社員にはなりたくない」と言ったのは、一つの衝撃だ。私は勝手に、ほとんどの者は社員になりたいだろうけれど、現実はそうなれるものではないと思っていたからだ。事実は違う。ケンジの方が正社員など望んではいない。差別する者と同じ地位など願い下げなのだ。

ジェイテクトで何か得たものは？　と聞くと、「いいえ、何も。あそこから出たら何も役に立たない」と真面目な顔で即答した。「オレは来年一月から新しい仕事を探すよ。この組はおかしいよ。忘年会も新年会もやらない。反対番もやらない」。
何年日本にいても、ケンジにとっては「ブラジル」が一番大事だ。日本にとどまることはあっても、一つの会社にとどまることはない。

働くコマのブラジル人

ミヤモトさんがクビになる二日前、会社は素早く新しい人をこの組に入れた。ヒョロッとした背格好の、若いブラジル人がやってきた。右耳にだけ、いくつもピアスをしている。長さ三、四センチの棒状のピアスがひときわ目立つ。「名前は何て言うんだ」と休憩のときに話しかけてみると、「イノウエ」とだけぶっきらぼうに答えた。第一印象は単に「無口で暗そうなヤツ」だったが、毎日挨拶だけでもいいから声をかけることにした。少しずつしゃべってみると、どこにでもいる普通の若者のように思えた。

本名はセリオ・イノウエ。まだ二〇代前半だ。働き始めて一週間ぐらいしたある日、セリオは残業をせずに定時で帰っていった。腹痛のため帰ったとあとから誰かから聞いて、何だか安心した。これまで、この組で働いてきて、そうやって理由があって途中で帰った人を見たことがなかったからだ。同じラインに入っていた二〇歳の汐谷君は、「帰りたいからそうやって言ったんですよ」とまったく信用していない様子。が、例えウソだとしても彼の行動は理解できる。こんなライン作業なんかやってられずに帰りたくなったんだろう。みんな早く帰りたいけどしょうがなくやっているのだ。ミキオもダシルバも、「嫌だ」「もう嫌だ」と言いながらふんばっている。セリオの行動が異常に見えたとしたら、そっちのほうが困りものだ。残業をするかしないかは本来自分の意思で決めていいものだ。そもそも、出勤するかしないかだって自分の意思による。会社のために働いているわけではないのだから。

翌日もセリオは残業をせずに帰った。ところが、その日は自分からではなく、帰らされたことをまもなく知った。いやな予感がした。これまで見てきた感じからすると、もう先は長くはないだろう。

その週の土曜日、臨時出勤があった。三時までだったが、セリオは昼からいなかった。帰ったのか帰らされたのかわからない。若い社員の鬼太郎は、「もうアイツいらないですよ」とイライラした態度で言った。鬼太郎は私がパチンコ工場でそうであったように、社員でないなら、派遣なら、簡単に切ってもいいと考えている。

鬼太郎（二〇歳）、入社三年目。三重県出身。それまで金髪に近い茶髪だった髪を、ある日突然青白く染めてきた。なぜかわからないが、そのときついたあだ名が「（ゲゲゲの）鬼太郎」。仕事中に社外工とおしゃべりすることはめったになく、人が変わったように殺気立ったオーラを放ちながら作業をする。「きたろう」より、「おにたろう」と呼ぶべき。陽気なブラジル人には距離を置かれている。

昼過ぎから六人が五人になる。当然空いている機械が多くなる。すると鬼太郎ともう一人の黒ぶち眼鏡の社員は、待ってましたと言わんばかりにギアチェンジをする。それにつられて全体のスピードが上がる。驚いたことに、生産ペースが五人の方が良くなった。二人の社員は一言もしゃべらずに動き回っている。一緒に働く方はたまったもんじゃない。途中で帰るヤツは使えない、はじめからいない方がいい、こうした無言の重圧が社外工にはかかってくる。

翌週の月曜日（六月一一日）。また、夜勤がスタート。休憩中にセリオとしゃべっていると、こう言った。「今月二一日までの勤務だって告げられた」。残り二週間足らず。「誰が言った」と聞くと、「わからない」。小松の営業からそう通告されたのだろうか。彼は人差し指を立てた手を首のところにやり、その指で横に首をなぞった。今日、クビを宣告された者が私の目の前にいる。セリオになんて言っていいのかわからない。

彼は今日、ラインの仕事をさせてもらえなかった。一日中、モップかけをやらされた。定時で帰ったり、手が遅かったりしたらすぐにこれだ。ミキオも「どうせまたマカコが言ったのだと思う」とあきれ顔で言った。

セリオが解雇通告を受けた夜、また一人の新しいブラジル人が働き始めた。製造業派遣という名のジャストインタイム人材確保方式（必要な人手を、必要な時に、必要な数だけ供給する）は、ピンポイントで、しかも気持ち悪いくらいに素早い。

セリオの替わりに来たのは、アンドレという名前の腕っぷしの強そうな二〇歳くらいの丸坊主の青年だった。アンドレはいつも笑顔でいる。しゃべってみると、これが本当にいいヤツなのだ。こんなに真面目で明るい青年がいるのかと思えるほどだった。パチンコ工場で私が切った派遣も、明るかったに違いない。私は生産数ばかりを気にして、会話をする余裕すらなかった。仕事中しゃべっていると、不良品を出しているんじゃないかと不安になった。よくしゃべる者同士は切り離したりもした。ラインが回ることだけを気にしていた。アンドレとはよくしゃべるようになった。

アンドレが入社した三日後、仕事のあとで手を洗っていると、横へ鬼太郎が手を洗いに来た。そして来るなり、マサミが今月で辞めると言った。隣にいた社外工の平目さんはビックリした様子で、「ウエダ（マサミ）辞めるのか?」。マサミは二〇歳のブラジル人で、いつも元気があって好感のもてる青年だ。私も「ウエダ、辞めるんですか」と、確認のため鬼太郎に聞いてみる。「アイツ、定時で帰ったりするでしょ。いらないですよ」、鬼太郎はあっさりと答える。それを聞いた平目さんは、何も言わないで帰っていった。鬼太郎は入社してまだ三年目。社員の中では「僕が一番ぺーぺーですよ」と言った彼。けれども定時で帰る者に対しては、「いらないですよ」と簡単に言い放ってしまう。マサミは確かに、元気があり余った感じでおしゃべりだが、何に問題があるというのか。半年間この組で働いているから、仕事で特別支障があるわけではない。鬼太郎はマサミと同じ年だろう。どうして、「もういらないですよ」なんて言えるんだ。同じ仕事をする同じ年の仲間じゃないか。同じように疲れ、同じようなことに興味を持っているはずじゃないのか。

鬼太郎が手洗い場を去ったあと、私の隣で手を洗っていたケンジに、マサミが辞める理由について聞いてみる。ケンジとマサミは休憩中いつも一緒にいたからだ。けれども、ケンジは「知らないよ」とだけ言い、数秒してから「いい会社だから」と少し笑いながら付け加えるように言った。ミヤモトさん、セリオ、マサミ。これでまたこの組から一人いなくなった。

「次はオレだな……」、帰り道、缶ビール片手にミキオがポツリと言った。

私たちはラインを回すために動くコマである。古くなったり、動かなくなるコマはすぐに取り換えられる。故障を防ぐためのメンテナンスはない。修理や点検もない。あとの章で述べるが、こうして取り替えられるコマは、ブラジル人だけだ。日本人でクビになったものは、私がいた一〇カ月という期間中、一人もいなかった。誰かがクビにされるたびに、ブラジル人は「次はオレだな」と思いながら働く。

二〇〇九年八月二五日の朝日新聞にこんな見出しの記事があった。

「**派遣使用廃止へ　三菱自、直接雇用で対応**」

「三菱自動車は今後、製造現場で必要となる非正社員は、直接雇用の期間従業員で確保し、派遣従業員は使わない方針を固めた。昨秋以降の不況で『派遣切り』が社会問題になったことを受けて、派遣会社を通じず、直接非正社員と契約することで雇用責任を明らかにするという。（中略）ただ、期間従業員も派遣社員も契約期間が終了すれば、解雇できる不安定な雇用であることは同じだ。……」

記事にあるとおり、直接雇用でも期間が終了すれば即解雇され得るし、この組のブラジル人のように、契約期間途中でも実際にはどんどんクビにされている。派遣使用を禁止にしたくらいで、問題に正しく対応をしているなどと考えるのは間違っている。派遣か直接雇用かは大きな問題ではない。問題なのは、簡単にクビを切られる雇用形態に、ピンポイントで送り込まれる人々がたくさんいるという事実のほうだ。

ビーチでシュハスコ

おしゃべりロドルフォに「日曜日何してた?」と聞くと、「ビーチ」か「シュハスコ」のどちらか、または「ビーチでシュハスコ」という答えがよく返ってくる。シュハスコとは、簡単に言うとブラジル式焼き肉のことである。どの国民にもそれぞれ休みの日の楽しみがあるが、ビーチとシュハスコを愛してやまない国民と言えばブラジルだ。以前からロドルフォに誘われていた私は、その「ビーチでシュハスコ」に参加してみた。

異国に住んでいる外国人が生活している上での安心度を測るバロメーターの一つに、普段の楽しみを持ち込んでいるかどうかということがあげられると思う。一週間の中での気の休まる時間と言ってもいい。例えば、日本のサラリーマンが海外赴任したら、やっぱり居酒屋と飲み友達が欲しいだろう。ツマミのほとんどないような、立ち飲みのスポーツバーではダメだ。ブラジル人にとっては、ビーチでシュハスコが、当たり前のコミュニケーションの場である。

七月八日、日曜日。あいにくの曇り空。でも、このくらいが暑すぎなくてちょうどいい。集合時間と聞いていた八時半に、待ち合わせ場所の会社近くのコンビニへ行く。まだ、ロドルフォは来ていない。マリオは来ているが、まだ半分も集まっていないという。マリオは温和できっちりしている。しばらくして車が一台、また一台とやってくる。みんな短パンにTシャツ、そして足元はビーチサンダルといった格好をしている。二、三〇分くらい遅れたって、誰も遅れてきた者を責める様子なんてない。みんな笑顔で、車から出てきた者とブラジル式の挨拶をして何やらしゃべっている。そして、私を見つけると「おお、ケン！　お前も来たか！」と驚いた表情でやってきてブラジル式の挨拶をする。

おしゃべりロドルフォもやってきた。人を待たせたなんて認識はない。彼らにとっては「八時半に集合」とは、「八時半から集まって」という解釈でいい。学生のころから遅刻をよくしていた私にとって、この時間の感覚はちょっぴり心地がいい。この日集まったのは、強面ダシルバ、太っちょイゴール、イラン・ウィリアン、温和マリオなどほとんどが一三八組のメンバーと、彼らの妻や子供、恋人など全部で一五人くらいいる。みんなそれぞれ、シュハスコ用にコンロやタープ、クーラーボックスなどを車に積んでいる。

結局、一時間後の九時半に出発。車五台に分かれて目的地の内海海岸へと向かう。出発するまではノンビリだが、車を走らせたとたんに一変する。片道一車線のくねくねした細い道でも、前の車の真後ろにピッチリつけて飛ばす。急ぐところが日本人の感覚とは大きく違う。

到着したところは、それほど広いビーチではなかった。砂浜もとてもきれいとは言い難い。それでも、日曜日ということもあってか人は結構いる。バーベキューをしているグループもいる。「バーベキュー・キャンプ禁止」と書かれた立て看板があったが、関係ないようだ。海から二〇メートルくらい離れた砂地で、ロドルフォたちはさっそく準備に取りかかる。私もタープを張ったり、テーブルをセットしたりみんなを手伝う。

午前一〇時すぎ、「ビーチでシュハスコ」が始まった。炭で火をおこしたイゴールが最初に焼こうとしているのは、ソーセージだ。しかも、一本の太いロープを渦巻き状にしたような形の、直径二〇センチくらいはあるソーセージ。それをそのまま網の上に「ドスッ」と載せた。量がすごい。一キロくらいあるんじゃないか。次に出てきたのが、フランゴ（手羽先）だ。さっそくイゴールは網に並べはじめる。隣にいたダシルバも焼くのを手伝い始める。フランゴが、アッという間に網いっぱいに並べられた。

一枚目の網はソーセージとフランゴで、ぎゅうぎゅう詰めでいっぱいだ。次にイゴールは隣の網に、コラソン（鳥の心臓）を焼き始めた。これもまた、網の上に流し込むようにして、もう数え切れないほど広げている。左手には二リットルくらいのタッパを持っていて、その中にはコラソンだけがいっぱいに入っている。軽く一〇〇個以上のコラソンは入っているだろう。最後に、半分空いているスペースには、当然のようにまた違う肉が載る。二〇センチはあるステーキが出てきて、コラソンの横に何枚も並べられた。こうして、アッという間に二枚の大網は、四種類の肉でギッシリと埋まった。肉！　肉！　鶏肉！　豚肉！　牛肉！　とにかく、肉だー！

少しずつ、ソーセージとフランゴの焼ける臭いがしてくる。イゴールと目が合うと、彼はいつものようにニッコリと目を細くして笑う。まだ一〇時半。

「ケン、あなた飲み物は？」、温和マリオが、クーラーボックスを開けて何か飲むように勧めてくれる。私は缶ビールをもらう。やっぱり外で飲むビールは格別うまい。横にいるいつもおしゃべりなロドルフォは、珍しく黙り込んでいる。それに、何だか少し疲れた表情をしているから声をかけると、「昨日四時まで、いろいろと準備をしていたから眠たい」と言った。そうか、そうか、誘ってくれてアリガトウ！

テーブルには枕のようにふくらんだ、大きな無地の茶色い紙袋が置いてある。何が入っているのか聞くと、「パン」だとみんながみんな一斉に答える。パンか……。フッーのものだな。知らないのは私だけ。日本人が大勢いる中で、あるブラジル人が炊飯器を指さし「何が入っているの？」と聞いたわけだ。日本人がオニギリを握ってくるように、彼らはパンを持ってくる。袋を覗くと、こぶし二つ分くらいの大きさのロールパンみたいなのがぎっしり入っている。今日は、楽しくてしょうがない。

砂浜では、バレーボールやサッカーを楽しむと聞いていたが、そのとおり、バレーボールが出てきた。フリスビーもある。周りを見渡すと、同じようなブラジル人が五、六グループいる。

二〇メートルほど離れたところにいるグループは、音楽を大音量で流しながら、あちらもシュハスコをしている。ブラジルのビーチは、ものすごい数のグループがシュハスコしているんだろうなあ。マリオに「あそこもジェイテクトか」と聞くと、目を凝らして三秒ほど考えてから「いや、たぶんアイシン」。

マリオとしゃべっている横から、イゴールが皿に盛られたソーセージを差し出す。イゴールの顔を見る。イゴールの顔が「さ、ケン、食べてみて」と言っている。同じラインで働いたことのない太っちょイゴール、いいヤツだなあ。

網に載せたとき、渦巻き状だったソーセージは、一口大にぶつ切りにされている。それにしても、ものすごくうまそうな臭いがする。口に入れる前からうまいのがわかる。一つ食べてみる。香辛料が利いていて、日本の市販のソーセージとはまったく味が違う。初めて食べたが、率直に言って、日本のものよりこっちのほうが断然うまい。もう一つ食べる。ほんとにうまい。ビールにもよく合う。次に、フランゴ、コラソン……。「イゴール、トド、グストーゾ！（イゴール、どれもうまいぞ！）」。ブラジルでは食べきれない肉は、残してもぜんぜん問題ないという。食べ放題が基本で、好きなところを好きなだけ食べればいいそうだ。それがシュハスコのルールなのだ。ブラジル式なら、遠慮のし合いや肉の取り合いなんてあり得ない。それならば、ここは遠慮なく食えるだけ食うことにしよう。一度シュハスコに慣れると、日本の焼き肉は食った気がしないかもしれない。

ふと横のテーブルに目をやると、その上にはスティック状に切られたキュウリと、オレンジ色をしたドレッシングのようなものが置いてあるではないか。野菜があった！　私が気になっていたのがわかったのか、マリオの恋人が食べてみてといった感じで差し出してくれる。言葉は通じなくても、彼らの気にかけてくれている気持ちは伝わってくる。そのオレンジ色をしたドレッシングは、マリオが作ってきたものだという。トマトの酸味やニンニクが利いていておいしい。作り方を聞く。「トマト、玉ねぎ、ミキサーで……」。うんうん、うまい、うまい。「マリオ、エステムイグストーゾ！（マリオ、これどらうまいよ！）」、私はグストーゾを連発する。「ビーチでシュハスコ」は最高じゃないか。

「ブラジル人社外工杯」争奪

とりあえず、一通り食べて腹を満たしたころ、近くでシュハスコをしていた「たぶんアイシン」のグループと、四人対四人のビーチサッカーの試合をすることになった。一人でボールを蹴っていたウィリアンが、向こうから話を持ちかけられたそうだ。ブラジルといえば、やっぱりサッカーだよなあ。ビーチでシュハスコして、ビール片手にサッカー観戦までできるなんて、今日は本当に来てよかった。

そして今ここに、トヨタ系グループ会社ブラジル人社外工杯争奪、ジェイテクト対アイシンの一戦が実現した。我らジェイテクトは、サッカーが得意なウィリアンをはじめ、強面ダシルバと温和マリオ。そしてあと一人……、あれ、あと一人がいない。おしゃべりロドルフォは恋人といいムードになっている。「ケン！」、私に声がかかる。私は観るつもりだったが、数合わせということで試合に出ることになった。サッカーは得意じゃないけど、球技は全般好きだ。どんな相手かと思ったら、一〇〇キロ以上はあるようなプロレスラーのような体つきをした巨漢ばかりがゾロゾロと出てきた。褐色の肌には刺青がたくさん彫ってある。サッカーやりそうにないなあ。

練習もないまま、四人対四人で試合開始！　試合が始まったとたんに酔いが吹っ飛んだ。まるで、ラグビーのタックルのように突っ込んでくる！　遊び半分ではできなくなった。私たちのチームで、なんとか体格的に抵抗できそうなのはイゴールだが、ずっとビール片手にまだ肉を焼いている。あとは、八〇キロはあるだろうダシルバだけ。それでも、相手に比べたらダシルバが小さく見える。それに彼はすでにかなり酔っぱらっていて、はじめからキーパーを志願した。頼みの二人がこれじゃあ対抗できない。体重六二キロの私の足元にボールが来ると同時に、そのボールめがけて一〇〇キロの巨漢が体当たりでぶつかってくる。ふっ飛ばされたらひとたまりもないからすぐパス！　すると、一〇〇キロの巨漢たちはまたボールの方向へ向かってダッシュ！　ブラジルのビーチサッカーは、足でするラグビーだ。

それでも、ウィリアンたちが頑張って何度かチャンスは作ったが、シュートが決まらない。点を取られるたびに、ダシルバは「ビール飲む。いっぱい。ボール見えない」と言って両手を前にダラリとたらし、「酔っぱらったー」といったしぐさをして笑っている。二〇分くらいやって四対一で負け。トヨタ系グループ会社ブラジル人社外工杯は、アイシンの手に渡った。みんな何も言わないところを見ると、この激しさが普通なのだろう。楽しかったけど、怖かったー。ノドがカラカラだ。

試合が終わると、みんなゾロゾロと海へと歩き出し、ゆっくりと水の中へ入っていく。泳ぐわけではなく、水面に顔だけ出してしゃべっている。ダシルバは六、七歳の息子ルーカスを肩車し、それまでずっと座ったままだった彼の妻も、いつの間にか海に入っている。海のことを彼らは「アグア（水）」と呼ぶ。私たち日本人は、「海に入らないか？」と言うが、彼らは「アグアに入らないか？　気持ちいいぞ」と、日本人にとってのお風呂のように言って誘う。

曇り空だがあまり波はない。ゆっくりアグアにつかるにはちょうどいい。ウィリアンもマリオも、家族や恋人と一緒にみんなリラックスした顔。強面ダシルバも今日は違う。こんなにたくさん笑っているダシルバをはじめて見た。シュハスコは、ブラジル人みんなを一層笑顔にする。

ちょっと海で遊んでから、またイゴールがグルグル巻きのソーセージを「ドスッ」と網の上に置いて焼き始めた。先ほどまであれだけ焼かれていた肉が、もうほとんどなくなっている。いつの間になくなったんだろう。ステーキも焼き始め、ここで先ほどのパンが登場した。横から切り込みを入れてパンを開き、その間にステーキを挟んで出来上がり。好みでマヨネーズをぬってもよし。具はステーキのみ！　私も一つ作って食べてみる。ステーキにまぶしてある岩塩のおかげで肉の味がよくなっている。パンは少し固めなのだが、これがかえって固めの肉とよく合う。あまりアルコールは飲めないと言っていたダシルバだが、今日はビールを何本も飲んでいる。

シュハスコのすぐ横では、ロドルフォが恋人と一緒にビーチバレーをしている。恋人もジェイテクトの隣の組で働いている。ロドルフォは三メートルくらい離れた彼女へトスを送り、彼女もまたロドルフォへ送り返す。ボールが下に落ちるたびに、ロドルフォは砂を取り払ってから、また彼女にトスをする。アグアに入ったり、サッカーをしたり、みんな思い思いに過ごしている。私はすでに満腹を通り越していて、もう肉は食えない。

三時を過ぎたころ、イゴールはバーベキューの網の上で、パイナップルを焼き始めた。それも、皮と芯だけ切り落とされたパイナップルを丸ごと焼いている。ひっくり返しやすいように串に刺されたパイナップルが網焼きにされていく。イゴールは少しずつ転がしながらまんべんなく焼いていく。どんな味がするのだろうか。一〇分くらい焼いた。焼けたら最後にシナモンをふりかけ、まな板の上で一口大に細かく切る。みんな「これうまいんだよねえー」って顔をしながら、焼けたパイナップルの周りに寄ってきた。手でつまんで口に入れ、次の人にまな板を回す。その人も手でつまんで口にポイッと入れてまな板を次の人へ……。これ、楽しいなあ。私も一口もらう。焼いたパイナップルは甘さが増してなかなかいける。うまいけど、もう腹が苦しい。それにしても、よく食べた一日だった。ステーキにコラソン、フランゴ（手羽先）、それにデザートも食べた。

時計を見ると四時を回っている。日も傾きはじめ、浜辺で遊んでいる人はほとんどいない。これでそろそろ終わりかなと思ったら、イゴールは網の下にまた火をおこし始めた。そして、一〇分後、何度目かのシュハスコ開始。まだ網の上には肉が残っていたが、空いているところにフランゴとコラソンを焼き始めた。シュハスコは、もう六時間以上続いている。ダシルバはクーラーボックスから缶ビールをもう一本取り出した。

ダシルバの夢は、ブラジルに帰ってから、毎日ビーチでシュハスコをすることだそうだ。もちろん今日のように、妻と息子二人みんな一緒に楽しむのだろう。その夢をつかむために、勤めていた銀行を辞めて出稼ぎに来た。

第四章　自動車部品製造ライン

昼夜二交替

今回の取材先を選ぶ条件として夜勤をあげたものの、昼と夜とが逆転する生活に対しては、まったくと言っていいほど心配していなかった。寝られれば問題ないだろう、くらいに考えていた。というのも、私はもともと夜型で、しかも寝つきが非常にいい方である。布団に入るとすぐに寝てしまう。また、これまで日本だけでなく中国やインドを旅していたときでも、野宿をしてきたので、いつでもどこでも寝られると自負していた。

ところが、働いてみると仕事に慣れていくのとは反比例するように、生活がつらくなった。私の見通しは、完全に甘かった。昼夜二交替は、作業以上にきつかった。夜型であるとか寝つきがいいなどとはほとんど無関係であることを、やってみて初めて知った。あるとき、勤続六年のペオン長が言った。「夜勤は何年やっても慣れることはない」。

夜勤の出勤前。カーテンを閉めたまま部屋の電気をつける。外はもううす暗く、公園で遊ぶ子供たちの声がまだ少しだけ聞こえる。テレビをつけると、今日あったニュースが流れている。ほとんどの人が、もうすぐ一日を終えようとするころ、ゆっくりと出勤の支度を始める。気持ちが重くなる。何も考えたくなくなる時間。夜勤でも仕事の内容は変わらない。けれども、昼間ぐっすり寝られないから、仕事中どうしてもしんどくなる。どこでも寝られる私でも、どこか眠りが浅かった。そして何より、毎週末、昼と夜を逆転させなくてはいけないところが一番きつかった。昼勤が終わった翌週、夜勤の初日がとくにつらい。夜勤の週の月曜日の昼間は、寝ておかなければいけない。それはわかりきっているけれど、なかなか寝られない。日曜日の夜、寝てしまうからだ。

月曜日は起きて何かをする。せっかくの平日の日中を無理して寝て過ごすか、それともやりたいことをするか。私だったら後者をとる。そして、そのまま出勤して徹夜作業となる。夜勤の休憩中、社員たちは眠気覚ましのドリンクを飲むと、両腕を枕にして机の上で寝る。みんな二〇代前半か一〇代後半の若い社員たち。会話はほとんどない。夜勤の週の金曜日の深夜から土曜日の朝などは疲れも眠気もピークだ。ある夜勤の残業中、花巻さんとこんな会話をしたことがあった。

花巻さん「さっき二九番やったでしょ。あれ、全部曲がって見えた（笑）」。

私「ベルトコンベアが止まっているときでも、逆方向に動いているように見えるんですよ」。

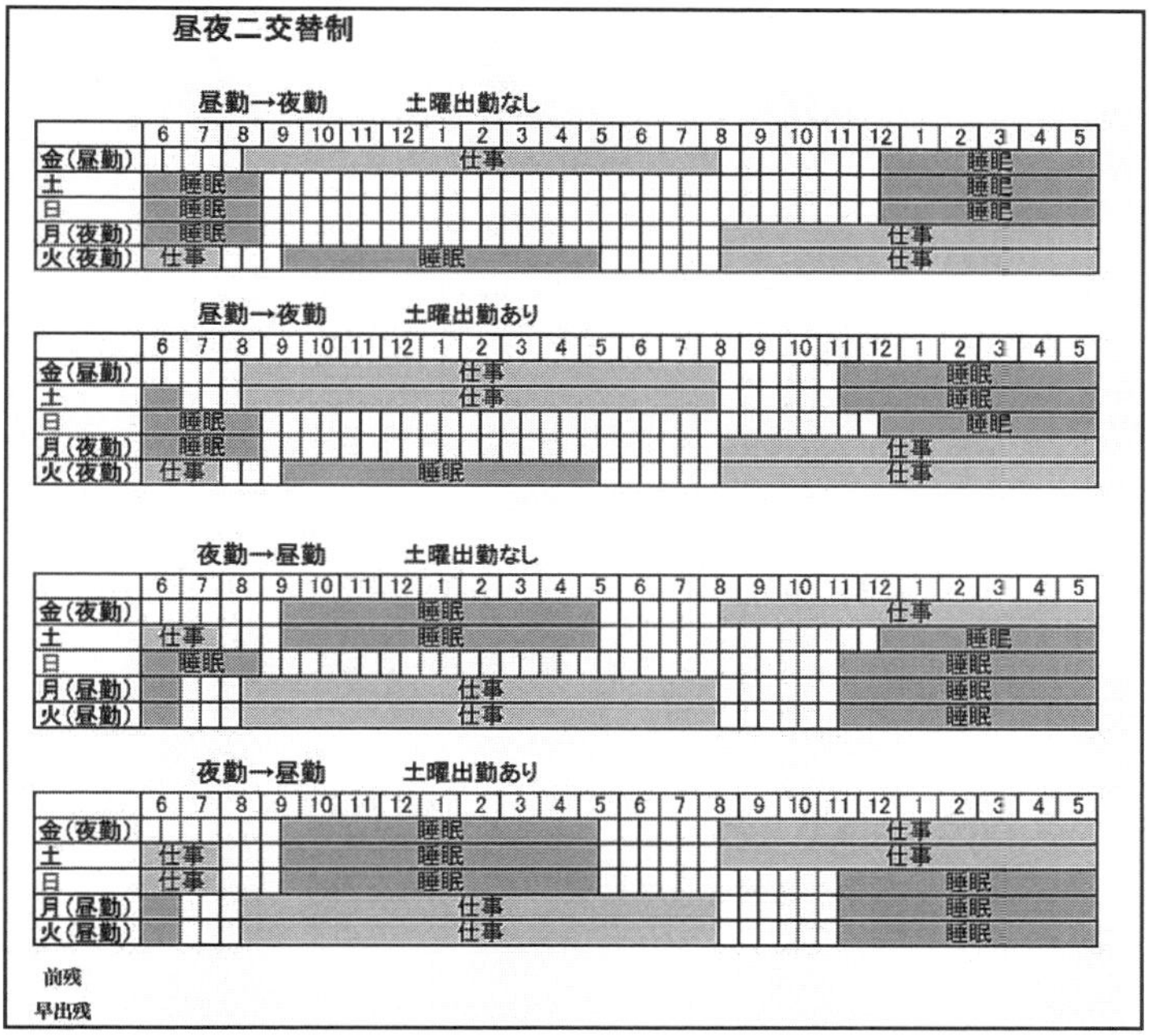

　もう、私たちは半分眠りながら検査をしている。

　花巻さん「これでやっと今週も終わった。仕事中は時間が長く感じる。残業時間も先月と一五分しか変わらないよ……反対番の人はよくこんなの一年間もやっているなあ。オレは金貯めたいだけなのに」。

　夜勤のライン作業のとき、仕事中眠りかけて機械にぶつかりそうになったことがある。一度や二度ではなく、何度もあった。それも座っているわけではなく、何キロもあるものを持って歩いている最中にである。今まで経験したことのない睡魔だった。持っているものが製品ではなく車のハンドルだったら、などと想像すると怖い。私は例外ではない。製品を持ったまま突っ立って眠っている、日本人社外工や社員をたくさん見た。数秒でもいいから寝る。

「（夜勤は時給が）倍でないと割に合わない」、花巻さんがある日、言った。いったい誰が昼夜二交替なんて考えたのか。夜勤のときは、家族や恋人と一緒に夕食を取ることも寝ることもできない。ここの労働者は、交替手当をガッポリもらうべきだと思う。昼と夜を、うまく逆転なんかさせられない。

ただし、ブラジル人は違った。夜勤の休憩のときでも、寝ている者はいない。昼勤でも夜勤でも、ほとんど同じテンション。おしゃべりしながらお菓子を食べる。仕事中も突っ立って寝ている者を一度も見なかった。

「できることなら、ずっと夜勤がいい。お金が多いから」、ミキオがあるときそう言った。同じ検査の仕事をしている花巻さんとは、まったく違う意見だ。ブラジル人が特別夜に強いのか？そんなはずはない。個人の眠気よりも、友人とのコミュニケーションを大事にするのがその理由だと思う。眠いのは日本人もブラジル人も同じだ。ブラジル人はその眠気を会話と笑いで吹き飛ばす。カイオが言った。「ブラジル人、みんな友達！」。

睡眠剤に頼る

五月一四日。また、今日から夜勤がスタート。月曜の夜勤はつらい。ときどき睡魔が襲う。しばらくすると、花巻さんが言ってきた。「昨日は一三時間も寝た」。夜勤に合わせてしっかり寝たんだなと思った。ところが、話を聞くと全然違った。全然寝られないから両親に頼んで睡眠剤を送ってもらい、それを飲んで寝たというのだ。

翌日の仕事中、ふと花巻さんの横顔を見ると、顔全体にニキビのような赤い斑点が少し出来ている。花巻さんはその斑点に気づいておらず、私に言われたときは少し驚いた様子だった。休憩になってトイレに行き、「皮膚科か内科かどちらだろう」と、少し不安そうな様子で私に聞いてきた。顔に出来たものは、睡眠剤の影響だったのかもしれない。赤い斑点はその後数日でおさまったが、睡眠剤は飲んでいたようだ。

それから、一〇日ほどたった五月二四日。花巻さんが、デフレクター（直径一五センチくらいの輪っかの形をした平べったいリング）が上に五ミリほどずれている不良を見つけた。ペオン長が「これは自分でも見つけられたかどうかわからない」と言うほど、見つけにくいものだった。こんなことがあっても、組長やマカコからねぎらいの言葉や何かがあるわけではない。いつものように、終わった者から帰っていく。同じ組に所属しているだけで、一緒に仕事をしている感覚など少しもない。私が「○○さん（あたふた氏）、『おつかれさま』って言わないですよね」と言うと、「ここは上にいけばいくほど言わない」と花巻さん。ちょうどそこに、大卒で最近現場研修として一三八組に入った堀田君が、「お疲れさまでした」と私たちに一声かけて帰っていった。検査をしていた花巻さんは、私のほうを向くと、まるで何年かぶりに故郷の名を聞いたかのように言った。「いいひびきだねぇ〜」。

今日は、前半から飛ばした。残業一時間一五分で二七パレット。掃除をしてから、検査場の裏で少しペオン長と雑談していると、珍しくマカコが私に話しかけてきた。

「おい、いい知らせがある。来週からオマエをラインに入れる」

名前では呼ばずに、いつもの「オマエ」で呼ばれるのはどうにも気に入らないが、伝えられた内容は気に入った。やっとだ。何度もラインが希望だと言い続けて三カ月たって、ようやくこのときが来た。要点だけ告げにきたマカコは、「ガンガン回せよ」と最後に言って去っていった。やっと本取材の許可が下りた気分だ。気が引き締まり、俄然やる気になった。

翌日、さっそく花巻さんに話をする。すると、意外な言葉が返ってきた。「そう、よかったじゃん。実はオレも他んとこあたってってさ」。

花巻さんは、すでにジェイテクトを辞めるつもりでいるというのだ。どうしてなのかよくわからない。私が入社して間もないころ、花巻さんはこう言っていた。「一年はここにいるつもり。だって、二、三ヵ月じゃ貯まらないでしょ」。花巻さんは一月上旬に入社したから、まだ五ヵ月目だ。半年もたっていない。やはり、昼間眠れずに夜勤がきついからだろうか。

花巻さんは、なんとなくという感じで次の仕事について話しはじめた。「あたってるところはいろいろあんだけどさ、ＨＲテクノ（派遣会社）から紹介されたトヨタ関係の下請け会社。……そこは時給一二〇〇円だけど、三ヵ月ごとに五万円支給あってさ……アイシン高丘は時給一四〇〇円で、ここより高いけど、仕事はその分きついって……。営業のヤツの話だとさ、三六〇度に熱した鉄が狭い地下室にあって、そん中で四人くらいが仕事してんだって。でさ、みんな（スターウォーズの）ダースベーダーみたいな恰好してんだってさ。嫌だよね～」。

口調では笑っている。でも、顔の表情は笑ってなんかいない。これまで検査の仕事を二人だけでやってきた。誰よりも花巻さんとしゃべってきた。一パレット終わるたびに、ラーメンの麺の太さは？　女性の身長は？　好き嫌いのタイプは？　といろいろ聞きあった。花巻さんは、私の好きな仕事の先輩だ。辞めるかもしれないと聞いて、急に寂しくなった。

いよいよラインへ

五月二八日の月曜日。今週からまた夜勤。夜になれば、気温も上がって過ごしやすい。今日から、組み付けラインでの作業が始まる。

まず、ペオン長と三九〇ラインのところに行く。三九〇ラインは動いておらず、人は誰もいない。ここで「ボール入れ」と呼ばれる作業を教えてもらう。「ボール入れ」という言葉を聞いたことはあるが、実際に見るのは初めてだ。使う部品は三種類。見た目で言うと、お椀とドーナツとパチンコ玉。お椀だけれど、底には角がついていて、ハンドベルみたいな形をしている。名前はアウター。ドーナツはインナーと呼ばれていて、真ん中だけじゃなく、横にも六つ穴が空いている。そして、パチンコ玉より一回りほど大きな玉。パチンコ玉は六個使う。部品の形はお椀やドーナツに似ていても、すべて銀色の鋼鉄で出来ているから、手で持つと結構重い。

ペオン長が一つ作りはじめる。アウターの角を冶具に入れお椀を固定する。インナーの裏表を確認してアウターに入れる。お椀にドーナツを入れるわけだ。次に、ドーナツの横にある穴にボールを二つはめ込む。そうしたら、ペオン長は作業台の横にある二〇センチくらいの木の枝のような鉄の棒を持ち、ドーナツの真ん中の穴にぶっさした。そして、そのままその棒を、テコの原理でゴリッと倒す。そうすると、ドーナツの横の穴が一つ、ムクッと盛り上がる。そこへ、ボールをバシッとはめ込む。ゴリッ、バシッ！　ゴリッ、バシッ！　ゴリッ、バシッ！　ゴリッ、バシッ！　倒す棒の角度を少しずつ換えながら四回やる。簡単に言えば、ドーナツの横の六つの穴に、パチンコ玉を六個はめ込んでいく。三種類あった部品が一つになった。

あとは、ドーナツの真ん中にささったままの棒を、縦と横に倒したり、グルグル回したりして、お椀の中でドーナツがスムーズに動く状態になっているか確認する。お椀とドーナツとの間に挟まっている六つのボールが、潤滑油の役割をしているわけだ。〝グルグル〟が確認できたら完成。機械も何も使わない。ボール入れは地味な手作業だ。使うのは、ゴリゴリこねくり回すための鉄の棒だけ。

それから、一人で一五〇個くらいこねくり回して練習した。それが終わると、ペオン長の後ろにくっついていって、SWラインへ行く。いよいよラインでの作業だ。仕事初日の新人に戻った気分。SWラインへ向かう途中、出荷検査場に一人でいる花巻さんの姿がチラッと見えた。花巻さんも私に気づくと、「おっ、やってるな！」といった感じで、検査台の衝立から半身を出して私を見た。

SWラインのボール入れは、ラインとは別の離れ小島みたいなところにあった。一人のブラジル人がそこで作業をしている。いつも昼飯を一緒に食べているイラン・ウィリアンだ。ペオン長は「じゃあ、ここで一緒にやってください」と言うと、どこかへ行った。三秒後、「おお、ケン！　どうした？　今日は一緒にここか！　いいね、いいね」、ウィリアンは手を止めるとさっそく話し始めた。「そうなんだ。さっきボール入れを練習したから、これ、わかるよ」、「そうか、そうか。いいね、いいね！」。

笑顔で迎えてくれたウィリアンが、作業を再開しながら説明する。「これ（デフレクター＝直径一五センチくらいの輪っかの形をした平べったいリング）に、ここ。これ（アウター）に、ここ……」。やり方は簡単。アウターを下に、デフレクターを上に、それぞれ機械の治具にセットする。機械の右横には、一つ前の圧入が完了しているものがあるから、それを取り上げてから、起動レバーを押す。これをやるのに五秒もかからない。あとは勝手に機械が十数秒かけて圧入する。

取り上げたものにボールを入れる。ボール入れが終わったら、それを右隣のグリス入れの機械にセットする。機械の右横には、一つ前に注入が完了しているものがあるから、それを取り上げてから起動レバーを押す。この操作もとても簡単。右へ右へと作業はずれていく。あとは勝手に機械が十秒くらいかけてお椀の中にグリスをブチューと注入する。取り上げたものを、右横にあるラインへとつながるベルトコンベアの上に置く。一連の作業はここまで。置いたと同時にすばやく左端の、最初のデフレクター圧入のところに戻って、またアウターとデフレクターをセットする。先ほど最初に起動させたものが、圧入されて出来上がっているから、それを取り上げて、起動をかける。「セット、取り上げる、起動」。「セット、取り上げる、起動」。これを繰り返す。ボール入れの前と後に、別の作業があるから結構忙しそう。

私が一人でやってみる。ラインのスピードに合わせようとすると、一通りやるのに三〇秒くらいでやらなくてはいけない。遅れまいと急いでやっていると、いつの間にか、まるで機械と競争をしている感覚になってくる。前の機械を追いかけていると同時に、後の機械にも追いかけられている。一つひとつの作業は単純で短いけれど、全部をこうして続けてやるから、動いていないときがない。一つ作り終わったとき、それは同時に次のスタートでもある。ライン作業とは、いかに機械を休ませないかにかかっている。一通りの流れを三〇数秒でやらないと、ラインが止まってしまう。初日の私には、とても一人では無理。ウィリアンは、この三〇数秒の競争を毎日九時間、七〇〇回くらいやっている。

今度はいつもどおり、ウィリアンが一人でやってみせる。まったく問題ないようにやる。手が覚えている。ボール入れが速いから余裕があるようだが、そんなにめちゃくちゃ速いわけでもない。私とは数秒しか変わらない気がする。ウィリアンは、実に楽しそうに、家族のことなどしゃべりながら手を動かす。そんなに一生懸命やらなくてもいいよ、って感じ。スピードのことなんかあまり気にしてない様子。ときどき、ＳＷラインにいるロドルフォやイゴールたちともしゃべっている。向こうも私に気づくと手を振って笑顔。ニコニコしながらウィリアンが言う。「なあ、ケン、今度から『ウィリアン』じゃなくて『ウィ』って呼んで」、「ウィ？」。「そう、『ウィ』。ブラジル人は、みんなオレのことをそう呼んでる」。

私たちはボール入れとデフレクターの圧入を交代しながら、今日一晩の作業を終えた。残業一時間一五分。夜勤の残業としてはギリギリの八時に終わった。長い長い夜だった。私は作業に慣れることに精一杯。一方のウィリアンは、掃除をしながらロドルフォ、イゴールと何やらしゃべっている。今日は二人だったからラクだった、なんて言っているのかな。とにかく、どこにも飛ばされることなく終われたのが何よりだ。その点だけは安心した。これでようやく、ブラジル人と働く、という取材の本来の目的の現場に足を踏み入れたような気がする。

九時間以上やったら、結構指先が疲れた。手袋の指先は両方とも穴だらけ。今までで一番疲れた。帰り際、最近入社したばかりの汐谷君にそう言うと、「えーっ！　そうなんですか？」と逆に驚かれた。まだ二〇歳くらいの彼には、まったく疲れた様子が見られない。まだ体力があり余っているのだろうか。二〇歳くらいの疲れ知らずの体力は、もう私にはない。彼はまったく私の話に興味を示さず、両手をポケットに突っ込むと、それ以上何も言わずにさっさと更衣室の方へと歩いていった。何か嫌な態度だ。ブラジル人には、こんなそっけないヤツはいないから、よけいにそう感じるのかもしれない。

次の日もＳＷライン。ウィリアンと二人で同じ作業をしたが、練習はここまで。その週の三日目から、私一人に任された。

四日目からは三九〇ラインにも入った。仕事はゴリッ、バシッ！　ゴリッ、バシッ！　のボール入れとデフレクターの圧入である。まだそれしかできないけれど、一応、ラインで使えると見込まれたようだ。休憩中、花巻さんと通路ですれ違ったときに、ほんの少しだけしゃべる。

「花巻さん、一人でどうですか？」

「眠くてほとんど見てねえや。そっちは？」

「結構きついですよ」

「そんなにがんばるとこじゃないよ、ここは。ま、がんばって」

最後の「ま、がんばって」、投げやりな言い方。花巻さんがどんどん弱気になっている気がする。やっぱり昼間は寝られないのか。ブラジル人の取材も大事だが、花巻さんが気になる。なぜ辞めてしまうのか。

機械との競争

六月になると、私はすっかりラインの一員となった。だいたい昼勤のときは〇四ラインに入って、夜勤のときは三九〇ラインに入る。〇四ラインでの仕事は相変わらずゴリッ、バシッ！ゴリッ、バシッ！のボール入れと、次の工程であるブーツの圧入まで。ちなみに、このボール入れがライン作業の初歩で一番ラクなところだということを、ラインに入って一、二カ月してから知った。

「ここまでを、一〇秒で出来れば合格」、そうマカコは言った。「ここまで」というのはボール入れだけのことを指している。〇四ラインだと、だいたい一五秒くらいかかる。たまにもたつくときは、アッという間に二〇秒以上経過する。とにかく、秒単位の作業なのだ。一〇秒と一五秒、この五秒の差は、ライン作業ではものすごく違う。一〇秒で合格と言われても、実質的な意味は「一五秒だと不合格」ということだ。

ある日、私のボール入れのスピードに明らかにイライラした鬼太郎は、私が隣の工程へ移ったすきに、さっとボール入れの作業台に入った。やり方が悪いのならはっきりそう言えばいいのに、何も言わずにそういう態度をされると……と、その瞬間、ボール入れをしている彼の手元を見てビックリした。

「ガチャガチャガチャッ！」、完成！　五秒で作った！　また「ガチャガチャガチャッ！」、完成！　五秒もかかっていないかもしれない。まったく、とんでもないスピードでボールを入れていく。ボールを入れるというより、インナーに手を叩きつけるとボールが消えてなくなる

〇4ラインボール入れの作業台。真ん中の箱のなかにあるのは六つ穴のあいた「ドーナツ」。右端に見えるのが硬い硬い固定治具

マジックのようだ。私はこの工場内での取材中、ライン作業に関して言えば、彼のボール入れの速さほど驚かされたことはなかった。

〇四ラインのメンバー

六月上旬のある日。昼勤。今日の〇四ラインのメンバーは次の七人。私を先頭に、コナン、強面ダシルバ、汐谷君、セリオ、鬼太郎、そして最後はミキオ（その後、セリオは六月二一日付で解雇される）。

このうち、コナン（二一歳）と鬼太郎（二〇歳）の二人だけが日本人社員で、残りは社外工である。それでもこの一三八組では、社員が二人も入っているラインの方が珍しい。隣のＳＷラインは、六人全員社外工で回している。

私の横にいるコナンは、マンガ名探偵コナンの主人公に雰囲気が似ている大人しい青年だ。入社四年目の地元愛知県高浜市出身で、動きには全く無駄がなく、流れるように手を動かす。ブーツ入れまで出来ない私に対しても、嫌そうな態度はまったく出さない。コナンの担当している作業は、シャフトを測長し、それをアウターに圧入するのが主だが、他にも私のところのヘルプや、その次のブーツのグリス入れまでやっている。

ところで、このシャフトの測長・圧入をする機械の加工時間は、ラインの両端にならんだ工作機械の中で一番長い。起動をかけてから出来上がるまで約二一秒かかる。その二一秒間は、手を出せない。シャフトが圧入されている二一秒の間に、彼は左右の機械へ素早く移り、二一秒後に、ピッタリとシャフト圧入の機械へ戻ってくる。機械を決して遊ばせない動きだ。出来上がったものを取り出すと同時に、次のシャフトをセットして起動をかける。そして、また左に右に移動する。二一秒後、シャフトの圧入が終わると同時に、機械の前に戻り、次のシャフトをセットして起動をかける。右に来たと思ったら次の瞬間左に移る。時にはラインの反対側のヘルプまでやる。二一秒後、ピッタリとシャフト圧入の機械へ戻ってくる。体内にストップウォッチがあるように一秒も狂いなく動く。

後日、私はコナンに、どうしてこの会社へ来たのか聞いてみた。五秒ほど考えたあと、「近いからです」と言ってから、「学校での成績順で、お前はここに行けると言われたんで」と説明した。

くるくる素早く動き回るコナンの隣には、強面ダシルバ（四六歳）がいる。体重八〇キロ以上で、ごつい体つき。五キロのダンベルを軽々と持つ。以前この組で長い間働いていたが一度辞め、また去年の末ごろ戻ってきた。だから、ここの組み付けに関してはよく知っている。そのためか、社員から怒られたりすることはない。動きは速くもなく遅くもなくといった感じで、いつも余裕の表情で仕事をしている。年齢も年齢だし、ラインでこれだけ動けるだけでもすごい。

目が合うと、いやらしい感じでニヤッと歯を見せて笑う。近くに来るときがあると、「ペルー、ペルー」と言ってからかってくる。ちょっとさげすむようないやらしいからかい。インド人がネパール人を見るような、大国が小国を見下す態度だ。そうかと思うと、違う話もする。「日本、仕事、仕事、仕事、テクノロジー。お金、ナンバーワン。アメリカ、仕事。お金、ナンバーツー。ヨーロッパ、お金」。あと五年くらい働いてお金を貯めたら、ブラジルへ帰国するつもりだ。帰国してからの楽しみは、「毎日シュハスコすること」。

その次。ラインの一番奥には汐谷君とセリオがいる。セリオはまだ新人で手が遅いから、その分を汐谷君がカバーしている。

汐谷君（二〇歳）は北海道北見の出身。「オレはやいっすよ」。仕事の後などちょっとでも仕事の話になると決まって言い出すセリフだ。あとは、「（マカコに）『お前、本当にライン初めてなのか』と言われた」というのが何度も言う自慢話。

夜勤の三九〇ラインに入ったある日、また仕事帰りに言った。「今日、目つぶってやってみたんですけど、簡単に出来ましたね」。こんなことをいつも言っている。まだ入社して二カ月足らずだが、ライン作業については「とりあえず全部覚えたい」と自信満々な様子。若いし手の動きは速い。同郷の花巻さんとばかりしゃべっている。

汐谷君の隣は鬼太郎だ。汐谷君と同じく、仕事中は全くしゃべらない。汗をダラダラ流しながら、ひたすら両手を動かす。食事中もグループの中にいるのに、一言もしゃべらない。一つ年上のコナンとも一言もしゃべらない。手は速い。誰もが認める。でも、最後に検査をしているミキオいわく、「仕事は汚い」。組長にとってはラインを回す推進力があってありがたいだろうが、一緒に働く者にとっては、こんな反抗期の中学生みたいなのが隣にいたらやりづらくて仕方がない。鬼太郎がラインにいるとどうなるか、後の章で述べたい。

そして、最後はミキオ（四六歳）。最終検査を任されている。私が初日にしゃべったブラジル人だ。それ以来、私の飲み友達である。

「ミキオ、あとで〝クスリ〟飲んで帰ろうぜ」、「ああ、飲まな風邪ひくよ。ヒヒヒ」
「昨日も〝クスリ〟飲んだかい」、「ああ、当たり前よ。二本飲んださ。ヒヒヒヒヒ」

私とミキオは、ほとんど毎日一緒に帰る。そして、一緒に帰るときはほとんど必ず〝クスリ〟を一本飲みながら帰る。三五〇ミリリットルで、一五〇円。会社近くの酒屋の前に置かれた自動販売機に売っている。

ボール入れ側から見た０４ライン

三七秒の「進度」

私の受け持つ作業は、ボール入れだけではない。ゴリッ、バシッ！　のボール入れを終えたら、ゲージの真ん中にグリスを注入する機械にセットして、手前のレバーを押して起動をかける。

そして、そのまま二、三歩左へずれて次の工程へ移る。この二、三歩移動するときも、素早く動かなくてはいけないのだ。ゆっくり歩いていたら、すぐに鬼太郎の冷たい視線が飛んでくる。

次に、シャフト（長さ五〇センチくらいの鉄の棒）を左手に持ち、治具の穴に立てながら入れ、同時に右手でゴム製のダンパーを箱から取り、上部にある治具のくぼみにねじ込む。左右の手で同時に違うことをやる。ダンパー圧入の起動を右手でかける。ここまでを四、五秒でやる。ボール入れから含めたら、一五から二〇秒くらいでやらなくてはいけない。また、素早く二、三歩移動する。この次が、ちょっと面倒な作業だ。

右手で青と銀のクランプ（直径五センチくらいの色のついた輪っか）をシャフトに入れながら、左手でキャップを取り、シャフトの先にかぶせる。左手でゴム製のブーツを手に取り、右側にある青色の樹脂の治具でブーツを上からバレーボールのスパイクのような感じで、真下にたたきつけて押し入れる。右手で治具を戻し、左手でスナップを取り、シャフトの先端部分の切り込みに取り付ける。最後のスナップを右手で付けたら、次の人へ渡すか、台の上に置いて終わり。終わりは、同時に次の競争のスタートである。四、五メートル離れた出だしのボール入れの作業台まで急いで戻る。「右手で」「左手で」と細かく書いたのは、その通りにしないと余分に時間がかかるからだ。

以上が、ラインで一番ラクだと言われている工程である。これを何秒でやらなくてはいけな

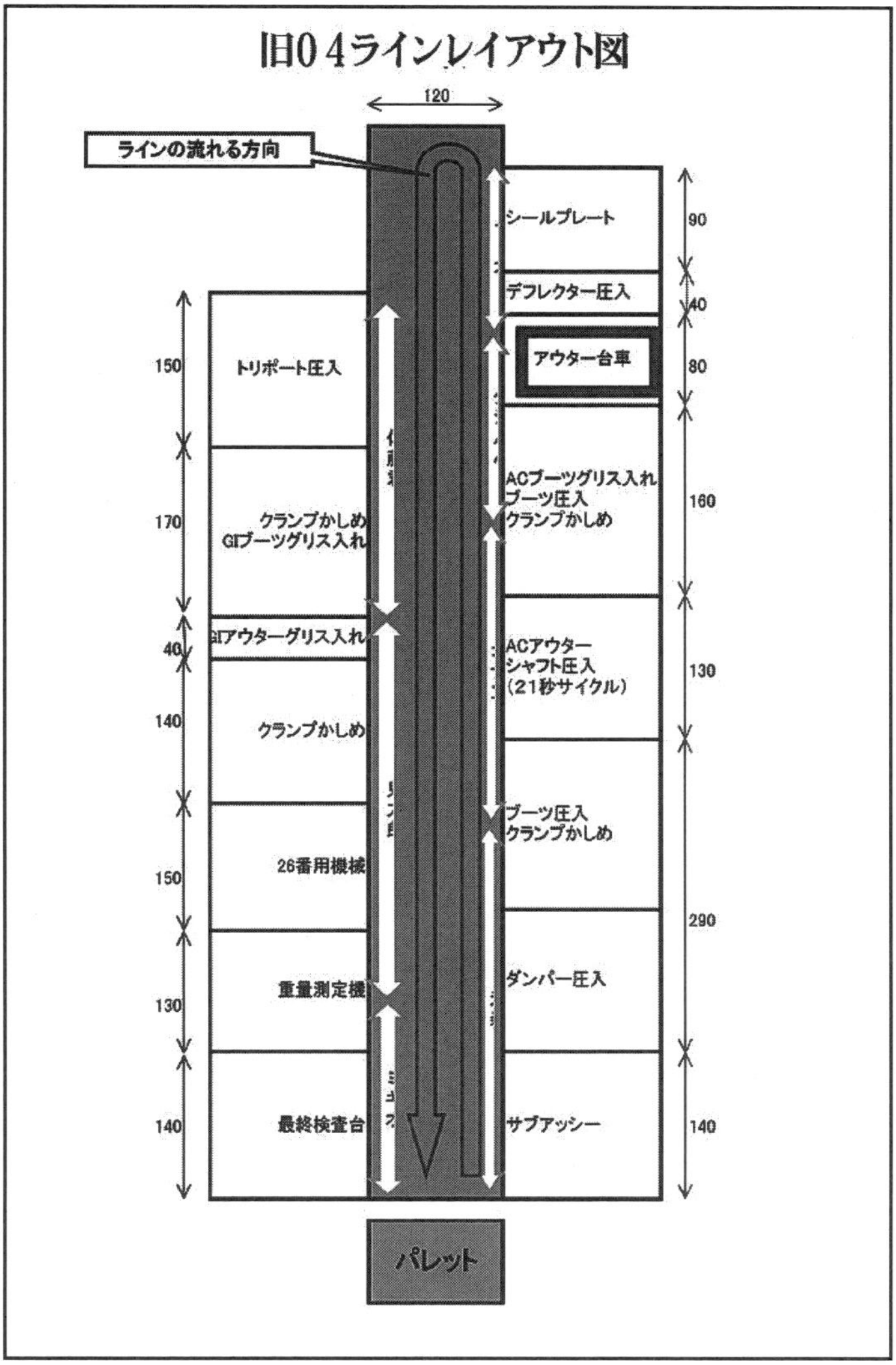
旧04ラインレイアウト図
120
ラインの流れる方向
シールプレート
90
デフレクター圧入
40
アウター台車
80
ACブーツグリス入れ
ブーツ圧入
クランプかしめ
160
ACアウター
シャフト圧入
(21秒サイクル)
130
ブーツ圧入
クランプかしめ
ダンパー圧入
290
サブアッシー
140
150
トリポート圧入
170
クランプかしめ
GIブーツグリス入れ
40
GIアウターグリス入れ
140
クランプかしめ
150
26番用機械
130
重量測定機
140
最終検査台
パレット

いか。結論を先に言うと三七秒。ノルマの七八〇本を八時間でやろうとすると、そうなる。タクトタイムは、三七秒だ。

［注　タクトタイムとは、部品一個または一台分をどれだけの時間で生産すべきかという時間値をいう。タクトタイム＝日当り稼働時間（定時）／（日当り必要数）。稼働時間は就業の定時間、可動率は一〇〇％として算出する。］

ラインの頭上に、小さな電光表示板がある。トヨタ生産方式用語でいうところの、『あんどん』だ。上から「生産数」「実績」「進度」と書かれ、その右横にはそれぞれオレンジ色に光った数字が書かれている。

「生産数」は、ペースメーカーみたいなものだ。規則正しく一定の間隔で（今は、三七秒間隔で）「1」「2」「3」……というふうに数字は上がっていく。日当たり必要数が八〇〇なら、数字は八〇〇で止まる。

その下の「実績」は、文字どおりの意味で、その日作った実数を表している。一つ作るごとに「1」「2」「3」……と増えていく。〇四ラインの場合、各自の受持つ工程をあくまで理論的にだが、三七秒でやればいいわけだ。

「進度」は、「生産数」引く「実績」の数字が計算されて出る。組長やリーダーをはじめ社員が気にするのは、何よりもこの数字である。この数字によって、ラインのペースが可視化されているからだ。例えば、「５」と数字が出ていたら、五本分だけ予定より速いペースで生産されているとわかる。もし、「マイナス20」なら、少し遅めのペースとわかるし、「マイナス80」だったら、一パレット以上遅れているわけだから、一時間ぐらいの残業は覚悟しなければいけない。機械が壊れて中断したりしたら、すぐにマイナスのペースになる。

ラインで働く以上、どこを担当したとしても、この三七秒のサイクルから逃れることは出来ない。そして、この三七秒のサイクルを七八〇回くり返すことが、与えられた仕事である。三七秒のペースでやり通すと、一応定時に帰れる計算だが、そんな予定通りにいくことはまずない。機械がよく壊れる。壊れるとラインが止まり、一部の社員は明らかにイライラしだす。「進度」が遅れていくからだ。実際、機械が直った直後の彼らのスピードには何度も閉口させられた。その昔、ペオン長がまだラインにいたとき、壊れた機械にイライラしてよく機械をぶん殴っていたそうだ。

また、たまに「機械が遅い！」と言ってイライラしている作業者がいる。決まって日本人の社員だ。製品が加工されるまで待てずにイライラしているのだ。可視化された数字に追われるように動いている社員。焦る気持ちにもう歯止めがきかなくなっている。まだ機械の方が、マイペースでのんびり屋に思えてくる。時には壊れてみて、人間をイライラさせる気分屋なところもある。もしかしたら、人間的なのは機械の方かもしれない。逆説的に言うと、機械に合わせた方が、まだ少しは人間的でいられる。

製造業というと、よく機械的な反復作業のつらさが強調されるが、もちろん、それ自体はつらい。そのつらさから逃れようとするように、社員が自らを「ぼわす（追い込む）」ときがある。社外工は「ぼわされる（追い込まれる）」。ラインからは言葉が消え、全体のスピードはグングン上がっていく。三七秒のペースをラインが上回るのが体でわかる。ライン頭上の電光表示板の「進度」を表す数字は、どんどんプラスになっていく。もっと速く！　機械よりも速く！

三九〇ライン

六月二六日、火曜日。今週は夜勤だから三九〇ラインだ。今日のノルマは一〇二〇本、一七パレット。メンバーは、汐谷君、強面ダシルバ、私、コナン、鬼太郎、ミキオの六人。強面ダシルバの隣にいる私は、いつものようにボール入れと、もう二つ別の機械を担当する。ここ三九〇ラインは、〇四ラインより四秒ほど短い三三秒のサイクルだ。

鬼太郎が先頭の汐谷君を手伝う。手の速い者が手の速い者を助けるから、ものすごい速いペースで進む。二人とも一言もしゃべらずに競争するように動く。

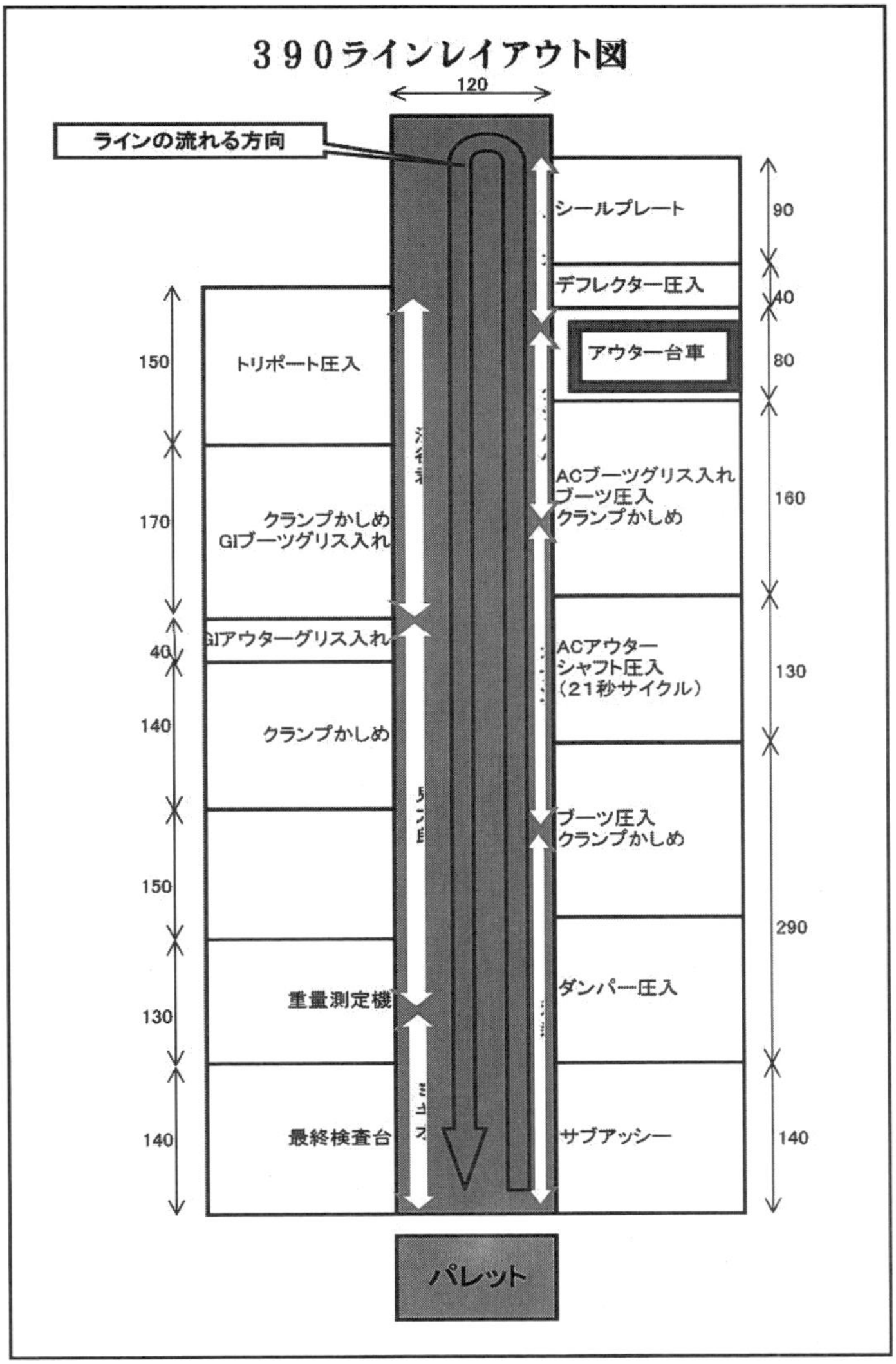

390ラインレイアウト図
120
ラインの流れる方向
シールプレート
90
デフレクター圧入
40
アウター台車
80
ACブーツグリス入れ
ブーツ圧入
クランプかしめ
160
ACアウター
シャフト圧入
(21秒サイクル)
130
ブーツ圧入
クランプかしめ
290
ダンパー圧入
サブアッシー
140
150
トリポート圧入
170
クランプかしめ
GIブーツグリス入れ
40
GIアウターグリス入れ
140
クランプかしめ
150
130
重量測定機
140
最終検査台
パレット

その一方、汐谷君の左隣の強面ダシルバはマイペースを崩さない。どれだけラインが速くても、ときどき私を見ては「ペルー、ペルー」と呼んでニヤッといやらしく笑う。そして、私が何か言うと、「池森語、わからなーい」。ペオン長やマカコがラインに入ってきたときだけ、黙って少しだけ速く動いたり、普段はやらない機械をやったりする。彼は手の抜き方を知っていて、うまいことやる。

「あなた大学？」、仕事中また、話しかけてきた。大学卒業したのかどうか聞いてきたと思った。「大学？　そう、卒業したよ」。「どうして、ここ？　どうして？　あなたバカ。あなた子供、私おこる」。はじめ何を言っているのかわからなかった。

ダシルバに説明されてわかった。大学を卒業してこんな工場で働いているお前はバカだ、もしオレの子供だったら怒っていると言いたいらしい。冷笑するダシルバに、うまい言い訳が思いつかない。

「あなた、グルグル、グルグル（笑）」。またバカにするように言ってきた。ボール入ればっかり、他の機械できないね、って言いたいらしい。ちょっとだけ苛立つ。でも、彼の言うとおり。他のところは知らない。

昼休憩のあと（といっても真夜中だが）、小松の通訳のタナカさんが、ブラジル人らしき新人を見学に連れてきた。隣にいるダシルバは、作業する手を動かしながら言った。「アナタ、クビ（そして、ニヤッとしながら笑う）」。

ダシルバは急がない。私をからかう余裕がいつもある。ラインのスピードや生産数など気にしない。ダシルバのところは、シャフトの測長・圧入で急がなければいけないところだが、本当に落ち着いている。作業に追われても、おしゃべりだけは忘れない。イゴールやロドルフォと仕事をするときも、ずっとしゃべっている。パチンコ工場のフィリピン人みたいだ。工場長が怒鳴りに来たときだけ、シーンとなる。また、一〇分後ザワザワしだし、笑い声が聞こえてくる。

結局、一〇二〇本作り終わったとき、「進度」の数字はプラス70か、80くらいになっていた。ものすごいスピードで進んだことになる。鬼太郎と汐谷君がスピードを上げた。ペオン長は進度の数字を見ると言った。「やっぱ〇〇（鬼太郎）がおらなダメだなあ」。

最近はプラス100を超える日が続いている。鬼太郎がぼわすと、目が回るくらいペースが速くなる。こんなことをして何になるんだ。速くやれば時給が上がるのか？　急いでやっていいことなんて一つもない。まだ、ベルトコンベアのような一定のペースのほうがラクなんじゃないか。

五時半前。定時までは、まだ四五分以上も残っている。機械のペース（三三秒）のとおりに作っていれば、ちょうど定時ごろ終わっていたはずなのに。まだ四五分もある。定時までゆっくり掃除でもするのかと思ったら、一人また一人と隣の〇四ラインの方へ移動していく。ここでも指示がない。嫌な予感がする。ペオン長に聞いてみると、余った時間で〇四ラインを動かすそうだ。

「ばっかみたい！」、三九〇ラインの検査台を片づけていたミキオが声を荒げて言った。なぜそんなに急いで作るのか。進度なんてあってないようなものだ。社員のペースに、社外工は振り回される。〇四ラインにそろった私たち六人は、無言で二九番を作り始める。三九〇ラインで急いだ疲れがドッシリと残っている。急ぐ意味は何なんだ。鬼太郎と汐谷君の二人だけが、まだ俊敏に動き回っている。しばらくすると、〇六ラインのメンバーがラインに入ってきた。花巻さんも最終検査のところに入る。

気づくと、ミキオや汐谷君は知らない間にどこかへ行ってしまっていない。いつの間にか、コナンや鬼太郎までもいない。ダシルバはいる。マイペースのままだ。いったいどうなっているのかわからない。定時の鐘が鳴る。ミキオと汐谷君は帰るそうだ。鬼太郎も手を洗って帰る様子。わけがわからず残っていると、汐谷君は「やりたかったら残ればいいんじゃないですか」と、いつものように少しさめた感じで言った。残業開始。ペオン長が見当たらないので、私はそのままボール入れを続ける。いくつ作ればいいのかわからない。いつものように、ほったらかしだ。終わったのは、三〇分残業した朝の七時だった。私を見つけたペオン長が言った。「あ

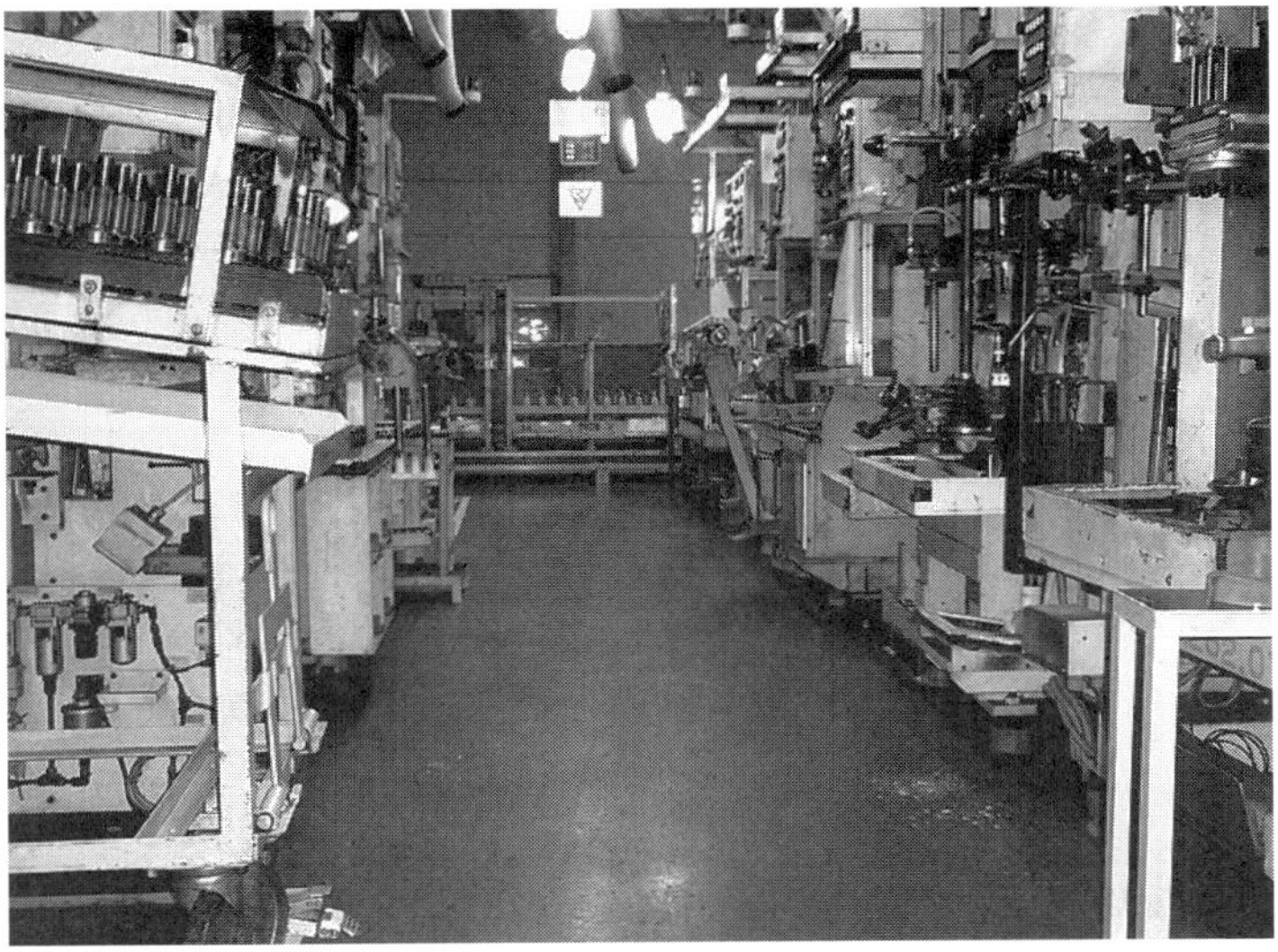

３９０ライン。左側に見えるのがボール入れ用アウター

れ、まだいたんですか。やっぱり全員に言わなきゃダメですねえ」。社員は社外工のことなど眼中にない。生産数を作れば、手を洗って帰るだけ。

強面ダシルバの夢

一一月一五日。一〇時の休憩のあとから健康診断。いろいろ調べられる。私の今の体重は六二・三キロ。仕事をやりだして二キロくらい増えた。隣に座っていた鬼太郎と少ししゃべったら、あとからダシルバたちが、「アミーゴ（友達）？」と冷やかしてきた。私の体脂肪率は一七・五％。強面ダシルバは三〇％以上あった。お菓子の食べ過ぎじゃないのか。

それより一つ気になった。彼の問診票に書かれた年齢のところをチラッと見ると、三六歳となっている。おかしいと思い聞いてみると、「本当は四六歳だけど、母が役所に届けたのが一〇年遅かったから三六歳になっている」とその理由を言った。日本ならニュースになるぞ。

一一月の中頃のある日。三九〇ライン。近くのダシルバと、残業がどうのこうのとしゃべっていたら、こう言った。「あなた、ずっと日本。がんばって」。

言われてドキッとした。これは、今回の取材で忘れられない言葉の一つとなった。彼の言い方は明らかに、「日本人のあなたは、ずっと日本にしかいられなくてかわいそうだ」という意味を含んでいた。それをブラジル人に言われたのだ。しかも、よくしゃべるようになって打ち解けてきたと感じていた強面ダシルバに、言われたのだ。ダシルバは私たち日本人社外工の地位を見抜いている。彼はこの組にいる日本人社外工が、この社会のどの位置にいるのかもわかっている。彼は「お金、お金」の日本が、どんな人たちによって支えられているのか、経験でわかっている。この言葉で、私と彼の立場が逆転したかのように感じた。いや、本当はそうではなくて、ダシルバは何も打ち解けていなかったのだとわかって、私は突き放された気分だった。

そう言った数日後、ダシルバは突然退社した。誰もが驚いた。半分くらいのブラジル人も寝耳に水の話だったらしく、「オレもビックリしたよ」と何人も口々に言っていた。あとから、辞めた理由を他のブラジル人に聞いた。残業が少なくなった、稼げない、新しいところは土曜日まで毎日三時間の残業があるなどと話していたそうだ。私はダシルバのとった選択に納得した。彼はそれでいい。その前進の仕方で「最優先」のもの、それ以上のものが手に入る。夢まで手に入る。

ダシルバは家族みんなで来日している。「最優先」は「家族」と「ブラジル」だ。いつだったか、ラインで動きながら、ダシルバとこんな会話をした。

「あと五、六年働いて、あとは帰国する」、「帰国して何するんだ?」。「(両手を横に広げて)シャカラがある」。「シャカラ?」、「そう、シャーカラ! シャーカラ!」。仕事しながら、シャーカラ! の意味をいろいろ説明した。つまり、小さい土地、牧草地という意味らしい。ダシルバは、土地を持っている。それに「ロバが二頭いる」。「ロバ二頭持ってるのか」、「ああ、で、帰国したら、それに乗る。で、毎日ビーチでシュハスコする」。それが夢だと言ったが、このままいけば実現しそうだ。

私は笑顔で「毎日シュハスコかあ、いいねえ、いいねえ」と言った。嬉しさ半分、うらやましさ半分だ。けれどもダシルバには、ここから抜け出せない日本人の、必死の作り笑いに映っただろう。夢を語れる日本人が、この一三八組にはいるのだろうか。

イケ面ブルーノ

八月、〇四ラインに、ブルーノ（二四歳）という名前のブラジル人が入ってきた。見るからにやんちゃそうで格好つけている。イタリア人の血が四分の一入っている〝イケ面〟だ。今にも飛び出てきそうなド派手な虎の刺青が、背中いっぱいに彫ってある。個性的だが、仕事は出来るのか？

実際、仕事は出来なかった。グリスの入れ忘れに、部品の組み付け不良。おまけにおしゃべりでお調子者。すぐに社員に目をつけられた。ところが、いろいろしゃべってみると、人というのは見た目とは違うところがたくさんあるものだなあなんて、当たり前のことも確認させられた。彼は外国に興味があり、行ってみたいところは「チベット」だと言った。日本へ来たのは、「フリーダム（自由）がほしかったから」。こいつはちょっと面白いヤツが来たぞ、と思った。

ブルーノは日本語の勉強がとても好きだった。ある日、葡日・日葡の辞書を仕事場に持ってきた。仕事中でもラインに持ち込み、ときどきその辞書を開きながら私に質問してきた。そして、辞書を機械の上に置いた。仕事そっちのけで、片言の日本語と身振り手振り、そして顔の表情で一生懸命説明し始めた。

「これで、毎日いつでも勉強できる。これなら辞書を忘れることもない。それに誰にも見つからないからいいんだ」と私は解釈した。どうやら、辞書の置き場を〇四ラインの工作機械の上と決めたらしい。

機械が故障したりして少しでも時間ができると、動詞の活用形まで聞いてくる。どこまで教えりゃいいんだ。日本語しゃべれるけど、説明するのは別問題。

イケ面・ブルーノ

「〝comi〟ドウイイマスカ?」、ブルーノが聞いてくる。お互い動き回っているから、お互いの距離が近くなったときに彼は聞いてきて、そしてまた三〇数秒後、近くに来たときに私は答える。その繰り返し。

「comer taberu. Comi tabeta.……(コメール＝食べる。コミ＝食べた)」

「タベタ……」

三〇数秒後、さっきの続き。

「watashi taberu. presenti. watashi wa tabeta. Pasado（私は食べる。現在。私は食べた。過去）」

伝わったのか、ブルーノはニッコリ笑って私から離れながらもこっちを見て、「わかりますうー！　わかりますうー！　よいね！　よいね！」。

ニューヨークのレストランで働いていたときの私とそっくりだ。私はバイト仲間のミステコ族のミゲルやマリオに、ミステコ語をいろいろ聞いた。彼らに会うためにバイトへ行っていたようなものだ。ブルーノの、仕事しながら勉強するという一石二鳥の考え方が好きだ。どんな質問でも、彼が笑顔で納得するまで説明しよう。その替わり、私もポルトガル語を彼から教えてもらおう。

こうして教え合っていくにつれ、ブルーノはラインがガンガン回っているときでも、堂々と辞書を開いて聞いてくるようになった。そんなときは、私はもう作業をだましだましやりながら、開かれているページを素早く見て答えるしかない。彼はラインを止めても気にしていない。質問するのが優先だからだ。ただし、マカコが視界に入ったときは別だ。「bruno! Macaco vinir aqui!（ブルーノ！　マカコが来るぞ！）」。

私が低く叫ぶと、彼はすぐさま機械の上に辞書を戻して部品に持ちかえる。マカコが通り過ぎるのを確認すると、こちらを向きながらニッコリ笑って「ダイジョウブデスゥ！　ダイジョウブデスゥ！」。まったく憎めないヤツだ。生意気なところがなく、いつも明るい。

ラインは生きモノ

続けて九月。エレキ（一九歳）という名前の若くて真面目そうなブラジル人が入ってきた。入ってくると、すぐに彼が私の替わりに〇四ラインの先頭のボール入れをやるようになった。私は隣へずれて、ブーツの圧入とシャフトの圧入をやる。

エレキの父も、隣の組で働いてそこではレクサスの部品を作っている。親子二代でジェイテクト勤めの社外工。「お父さんは日本がきらい。でも、わたしは好き」。先月入社したブルーノとは対照的に、日本語はできるし、真面目で働き者。聞けばまだ一九歳だが、すでに一五歳から日本で働いているという。これまで製造業の経験があるからだろう。仕事の覚えが早く、彼はすぐにここのライン作業に慣れていった。

ブルーノにはもちろんのこと、私にも友達として接してくる態度が心地よかった。裏表のない、何か年齢を超えたフレンドリーさがあった。ミキオは「あいつはいいヤツよ」と何度も褒めるように言う。休憩中もシュハスコのときも、ブラジル人はいつもフレンドリーだ。基本が明るいブルーノとエレキ。夏の終わりから冬の始まりにかけて、私は二人の若いブラジル人に挟まれて仕事をした。

ライン作業とは何か。生きモノだ。天気のように変わるものだ。水や氷のように、数分で変化するものだ。同じラインで同じ作業をして、同じ時間に同じ数だけ作っても、ライン作業には良し悪しがある。

最初の数ヵ月間、ライン作業はただただ単調に思えた。「進度」に追われるだけだった。ほとんど誰とも口を利かず、汗も拭かず、三〇数秒に一回、モノを次の人に回すだけ。不良品を出さないように、それを何百回も繰り返す。ライン作業は、寡黙なバケツリレーみたいだった。

夏の初め、運搬をしているモジャモジャ頭の大男、カイオが入社した。そこから、〇四ラインは少しずつ変わり始めた。カイオはクビになったミヤモトさんの替わりに、運搬係として入社したブラジル人だった。それからしばらくして、ブルーノとエレキが入社すると、〇四ラインは一気に変わった。彼らは天気を変え、氷を融かし、ラインが生きモノだと実感させてくれた。

九月半ばの水曜日。昼勤。エレキが先頭のボール入れをやり、次に私がシャフトの圧入をやる。二一秒のサイクルの機械である。そして、ブルーノへとつなぐ。そこから鬼太郎—コナン—ミキオと続く。昼勤で〇四ラインに入るときは、最近はずっとこのメンバーだ。今日もまた、この六人で〇四ラインがスタートする。

しばらくすると、だんだんラインに流れるモノが少ない状態になっていった。ラインに流れているモノが少ない場合、考えられる理由は二つある。一つには、先頭が遅いこと。もう一つは、流れるスピードが速いこと。このどちらかだ。先頭のボール入れをしているエレキは、決して遅くない。エレキが一つ流すと、組み付けられた製品が秒単位ですぐに流れていく。モノがなければ、手と体は次のモノを取りにいくために、自然と一つ前の工程の方へと動いていく。だから、傍から見ると、私たちが一つひとつ手渡しして流しているのだが、実際の感覚で言うと勝手に体が前後左右にグイグイグルグル流されていくのだ。もう、こんな状態が朝から続いている。

ラインを回しだしてから何時間かたったころ、今日まだ一度も辞書を開いてないブルーノが、わざとぶつかってきた。一瞬、お互いにアイコンタクトをする。言いたいことはわかっている。約三〇秒後、今度は私たち二人でわざとぶつかりあう。ぶつかった瞬間「devagar! devagar!（ゆっくり！　ゆっくり！）」と、ブルーノが言う。私はうなずく。そして、「だけどな」という目で、ブルーノの背後を指す。「今日はペースが速いぞ。あいつの機嫌が悪いぞ」。

クランプ（直径五センチくらいの緑や青の色のついたリング）をシャフトに入れながら、「devagar!（ゆっくり！）」、私が四メートル先にいるエレキに大きな声で言う。「rapido!（速くしろ！）」、エレキがこっちを見ないまま、ボール入れをしながら言い返してきた。エレキはボール入れとダンパー圧入までしかやっていない。次のブーツ圧入までやっていたら、ラインからモノがまったくなくなるからだ。エレキは一つでも速くボールを入れることだけ考えている。替わりに私がブーツの圧入作業をやる。私がやるしかないからだ。出来上がったモノを治具から持ち上げ、二歩左へずれる。続けて、シャフト圧入の二一秒のサイクルの機械へセットする。一つ前に出来上がった圧入済みのシャフトを取り上げると、その横にはブルーノが待ち構えている。ブルーノに手渡すと、私は間髪入れずにすぐに次のシャフトをセットして起動をかけ、そのまま右へ二、三歩移動し、エレキの方へ駆け寄ってブーツの圧入にとりかかる。朝から今まで、手は一秒も止まっていない。エレキとは反対側の方向、一番遠くにいるミキオを見ると、アゴを上げたまま見たこともないような大股で検査台まで製品を運んでいる。四六歳でこのペースについてきているんだから、もう息が上がっているんじゃないだろうか。ミキオの頭上にある電光表示板を見る。「進度」の数字は、もう30を超えている。

ブルーノは私から製品を受け取ると、すぐに次のグリス入れの治具にセットする。小さいクランプ二つをシャフトに入れ、そのうち一つをダンパーの溝に取り付ける。ブーツを一つ取り、その中にグリスを入れるボタンを押す。音楽が鳴り出しランプが点灯すると同時に、グリスが注入されはじめる。約四秒後、音楽は止まりランプが消える。グリス注入終了。その次にある

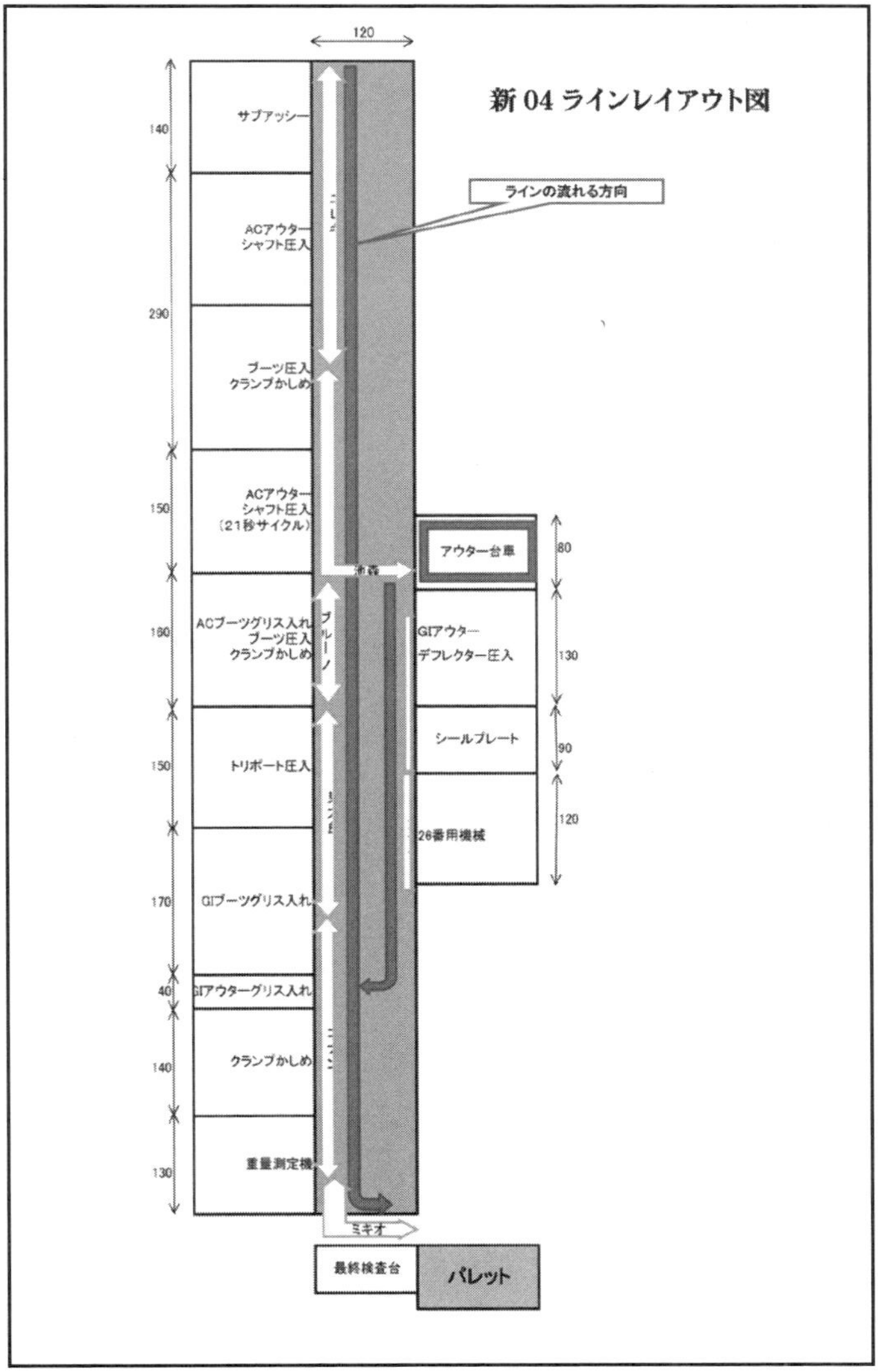
新 04 ラインレイアウト図
ラインの流れる方向
120
サブアッシー
ACアウター
シャフト圧入
ブーツ圧入
クランプかしめ
ACアウター
シャフト圧入
(21秒サイクル)
ACブーツグリス入れ
ブーツ圧入
クランプかしめ
トリポート圧入
GIブーツグリス入れ
GIアウターグリス入れ
クランプかしめ
重量測定機
140
290
150
160
150
170
40
140
130
ブルーノ
アウター台車
GIアウター
デフレクター圧入
シールプレート
26番用機械
80
130
90
120
ミキオ
最終検査台
パレット

クランプのかしめ（部位同士を継ぎ合わせる工程）のサイクルは九秒。その間に、ブルーノはかかとのスナップをきかせながらすばやく身を反転させ、ラインの反対側にあるアウターの台車から、アウターを一つ取り、黄色いカバーを外す。外した黄色いカバーを足元にある箱に入れる。このときも箱の位置などいちいち見ていない。すべて感覚だ。箱はすでに山盛りになっていて、黄色いカバーがいくつも床に転がっている。ブルーノはそれを踏んづけながら、デフレクターを一つ右手に取り、機械の上部へ取り付け、アウターは下部の治具へセットする。そして、一つ前に出来上がったものを取り上げてから、その取り上げた部品を使って、流れるように起動のレバーを押す。取り上げたものは、またラインの反対側にあるＧＩアウターグリス入れの前の台に置く。そして、私の二一秒のサイクルに合わせて、シャフトの圧入のところへドンピシャのタイミングで戻ってくる。

「あいつおかしい！」、近くにきたミキオが耳打ちしてきた。みんなとっくに気づいている。鬼太郎がまたラインをぼっている。ブルーノは私からシャフトを受け取るたびに、「ken! devagar! devagar!（ケン、ゆっくり！　ゆっくり！）」と言いながら顔でも訴える。「comprendo! comprendo!（わかってる！　わかってる！）」。

私だってペースを落としたい。けれども出来ないのだ。後ろが速すぎて、すぐにモノが流れていってしまう。手を緩めて前半でモノを溜めても、鬼太郎はモノを奪いに来るようにして無言の圧力をかけてくる。どんどんぼわされる。我々三人がペースを上げると、さらにぼってくる。完全にコントロールされているのだ。

「バカヤロー！」、ブルーノは鬼太郎に聞こえないように、低く小さく叫びながらファイティングポーズをとった。

「ブー！　ブー！　ブー！……」、数秒後、焦ったのか、ブルーノがまたセンサーに手を入れた。機械は緊急自動停止する。

「Caraeo!!（コンニャロー）」、機械に向かって言うと、あわてて制御機械のボタンを押してもとに戻す。「Caraeo!!（へたくそ！）」と、私もその横で言うと、その間にブルーノの前にモノを溜めはじめる。「ken! Devagar!（ケン！　ゆっくり！）」、ブルーノがまた訴える。「Erick!devagar!（エレキ！　ゆっくり！）」、私もボール入れをやっていたエレキに向かって叫ぶ。「rapido! rapido!（速く！　速く！）」、エレキがまた同じように遠くから言い返してくる。バカヤロー、ブーツ圧入まで出来ないくせに何が「rapido（速く）」だ。ブルーノが機械を修正し、再開する。

私はアウターのところを少し手伝う。

「ハピド！　ハピド！（速く！　速く！）」、後ろからコナンがマネをしてくる。一瞬でも流れが悪くなると後続の者にはすぐにわかる。鬼太郎とコナンは仕事中も休憩中も、決して一言もしゃべらない。コナンからすれば鬼太郎の態度はいつものことだ。「rapido!!（速く！）」、エレキがまた言ってきた。ブルーノは何か早口でエレキにしゃべった。私はミキオに叫ぶ。

「オイ！　ミキオ！　NG流すからしっかり検査しろよー」。エレキとブルーノはその意味がわかったらしく、部品を手に持ったまま大笑い。ブルーノの横では、鬼太郎が誰とも目を合わすことなく動き続けている。

ブルーノたちがまだ笑っていると、モジャモジャ頭の大男、カイオ（二〇歳）が台車を押しながらゆっくりとラインに入ってきた。そのカイオが、今、私とブルーノの間にあるアウターの台車をいつものようにゆっくりと取り換える。すると、カイオの真後ろから「rapido!! （速くしろ！）」とブルーノが突然怒鳴った。一瞬ビックリした様子のカイオだが、振り向くとすでにニヤけまくっていて、くしゃくしゃのモジャモジャ顔だ。鬼太郎以外、みんなまた大笑いする。ラインは一旦停止する。

「rapido!! rapido!!」

カイオも笑いだしながら言い返すと、ブルーノの背後に周り、そのまま抱きつくようにしてじゃれ合いだした。彼らはもともと友達同士で、同じアパートに住んでいるルームメイトでもある。しかもテコンドー（韓国発祥の格闘技）を一緒に習っている。べったり仲良しだから、このじゃれ合いはしばらく続きそうだ。すぐにブルーノの周りには、流れてきた製品が溜まりに溜まっている。ラインは完全にストップしている。

左ブルーノ（24歳）、右エレキ（19歳）

「caio, rapido!（カイオ、速くしろ！）」、エレキがボール入れをやりながら、真顔でカイオに向かって言う。大男カイオは、小学生の男の子のような人懐っこいモジャモジャの笑顔で、まだブルーノとふざけ合っている。二人の耳には何も入らない。ブルーノの前に溜まったものを、鬼太郎が一人で機械にセットし起動をかける。定時の鐘が鳴った。ブルーノとカイオはじゃれ合ったまま休憩所へ向かう。

残業が始まって少したったころ、鬼太郎が私のところへやってきてこう言った。「エレキを手伝わなくていいですよ」。ダンパー圧入の次の、ブーツの圧入の作業のことを言っている。あいつを一人でぼわせろ（追い込め）という意味だ。「ブラジル人を使え」とも聞こえた。エレキを手伝う気持ちも、ぼわせる（追い込む）気持ちも、両方ない私はなんとなくうなずく真似だけして、何も言わずに作業を続ける。

残業の間も「rapido!」の掛け合いと笑い声は止まらない。他のラインにまでポルトガル語が響きわたっている。ライン作業とは、このまとまりのことだ。ラインの良し悪しは、作業者のまとまりで決まる。ライン作業自体が悪いわけではない。バケツリレーのような反復作業、それ自体が悪なのではない。作業者同士がまとまっていないライン作業は、つらくてつまらないものになる。まとまっていれば、その逆になる。

「ultimo!（最後のパレットだ！）」、誰かが言うと、また「rapido!」「rapido!」。「速く！　速く！」の意味だが、今は「笑顔！」「笑顔！」と意訳した方がいい。

「ハピド！」、みんなに乗っかるようにして、コナンも少し恥ずかしそうに言う。ペオン長もなんだか嬉しそうな表情をしながら、ラインを覗きにやってきた。

夕方の六時半。予定の一〇二〇本を作り終えた。残業一時間一五分。掃除をしながら〇四ラインの電光表示盤を見て驚いた。あれだけ笑ってしゃべっていたのに、「進度」はプラスの159にまでなっていた。プラス159なんて見たことない！　今までで一番速かったんじゃないか。ブルーノは、まだ仕事中のモジャモジャ頭の大男、カイオとまたじゃれ合いながら楽しそうに何やらしゃべっている。モップを手にしているだけで掃除なんてやってない。もちろん、159という数字の意味なんて知らない。本当に楽しそうにしゃべっているから、見ているだけでこちらも楽しくなってくる。残業のときの「rapido!」の掛け合いと笑い声が、まだ耳に残っている。前半はつらいつらいライン作業だった。ただ、鬼太郎にぼわされて（追い込まれて）いるだけ。時間との戦い。あんな作業なら、一週間ももたない。でも、後半は本当に楽しかった。久しぶりに楽しい仕事だった。それは、速いペースを鬼太郎以外の作業者全員で作ったからだ。自然と速くなった。みんなでラインをぼった（追い込んだ）。黙ってぼったわけではない。中には雑談や笑いがある。たまには息抜きもある。ラストスパートでは、「rapido!（笑顔！）」の掛け合いと笑い声。社員のコナンもうれしそうに叫んだ。「ハピド！」。

エレキとブルーノの隣で仕事をしていると、自分が別人のように明るくなる。彼らの明るさは、心地いい。その中で一緒にやる仕事は楽しい。今日は、あのパチンコ工場での充実感に似たものがあった。製造業とはこうやるべきだよと、彼らから教えられている気がする。あれだけペースが速くても、疲れは感じない。今晩は眠たくならなかった。

仕事のあと、いつものようにミキオと帰る。ビール片手に飲みながら歩いていると、ミキオが言った。「（鬼太郎が）さっき自分でケガしそうになってたぞ、アイツ。やっぱ、おかしいよ、アイツ」。

イケ面ブルーノの出稼ぎ

普段はふざけているように見えるイケ面ブルーノだが、日本での職歴を聞くと結構長い。一八歳のときに来日してから六年。一度も帰国していない。ずっと一人で頑張っている。

私は一二月のある日、彼とレストランでビールを飲みながら、ゆっくりと話を聞いた。本の執筆のことも話すと、写真掲載も当然のように承諾してくれた。終始いつも通り笑顔で格好つけながら、イケ面ブルーノは答えた。

最初の仕事先は、神奈川県のパン工場だった。「ブラジル人ばかり三〇〇人か四〇〇人はいた。二秒でパンを一個作る作業」。話は飛ぶが、国際交流に関心がある若者は、一度その工場でバイトしてみるといいだろう。

その後、茨城県の携帯電話の部品工場、そして愛知県岡崎市にある車のマフラー製造工場と職場を替えた。そのマフラー製造工場では三年間働いた。「(時給は)一三〇〇円。四〇秒で一個作った。仕事は難しかった。でも残業いっぱい」。

そのマフラー製造工場で一緒に働いていた人が、実に多彩でおもしろい。「班長だけ日本人。あとはエジプト人・クロアチア人・中国人・ナイジェリア人・ブラジル人・ベトナム人……」。

ブラジルレストランで、後左からカイオ、ブルーノ、前左から著者、アレックス

次から次に、いろんな国名が出てくる。クロアチア人なんて会ったこともない。「班長だけ日本人」、これが興味深い。私は班長に嫉妬する。

観光地を巡るだけの海外旅行へ何度も行くより、こういった工場で働く方がよほど国際的な相互理解に繋がる。人と接しなくては、その国など理解できないと思うからだ。出勤すれば世界各国の人と対等な立場で話ができ、一緒に汗を流して、メシを食って、酒を飲んで、あとはしたい話をできる範囲ですればいい。異国の印象というのは、その国で最も深くかかわった人の良し悪しである程度決まってしまうものだ。

だから、そういった工場で働くという

ことは、日本人の代表として彼らと付き合うという「責任」と「特典」がつく。これが、毎週何十時間も保証されている。国際人に近づくための、これほどよくできた環境があるだろうか。これから、日本は欧米諸国だけでなく、こういった国々の人たちと仲良くやっていかなければいけない。国際交流の場は、例えばこの岡崎市にあるマフラー製造工場にこそあるのではないだろうか。

少し話がそれたから戻す。岡崎のマフラー製造工場のあとは、同じ愛知県内でプラスチックロッカーを作る仕事をした。一五秒で一個製造。ブラジル人ばかり。そして、友人の紹介でジェイテクト田戸岬工場一三八組へやってきた。来日六年目、五カ所目の職場だ。

日本の製造業は外国人によって支えられているとか、メイドインジャパン、バイブラジリアン（ブラジル人が作る日本製の製品）と言われるが、それを聞いても日本人は実感しづらい。働いていなければ、ピンとこない。必然的に、外国人の口からしか、次のような事実は聞こえてこない。「日本人がやりたがらない仕事を、外国人がやっている」。ブルーノは、そんな職場を六年も経験してきている。

なぜ、日本に来たのだろうか。「お金と……」と言ってから、またいつものように辞書を引いて、「フリーダム（自由）がほしかった！　世界が見たかった！　私のブラッド（血）日本、ダイジョウブ！」、明るく答える。

ブルーノの希望は、もうほとんど叶っている。何よりも、ブラジルという「故郷」が保障されている。両親はレストランを経営していて、二〇歳の弟は働きながら勉強している。日本に来なければならなかったプッシュ要因はほとんどない。六年も帰っていないが、まだまだ帰るつもりはなさそうだ。今のところ、モジャモジャ頭の大男カイオと一緒に習っているテコンドーが何よりも楽しい。仕事中もテコンドーの蹴りをして、「見たか！」って感じ格好つけている。

仕事はどう思っている？　と聞いてみる。これも、ニコニコして明るく答える。「ぜんぜん仕事したくない。面倒くさい。難しくもないし、簡単でもない。かしめ、トリポート……面倒くさい！　得たものはお金だけ」。

最後に私は、お調子者のブルーノに、日本で好きなものと嫌いなものを聞いた。まずは好きなもの。テコンドーとカイオ以外で。

「日本人女性。ブラジル人より、日本人が好き」。イケ面ブルーノはモテるけど、なぜか恋人はブラジル人ばかり。「お金、給料いっぱい。刺身、ロースかつ、すき焼き……」。

次に、嫌いなもの。「日本人。男（この組の日本人二人の名前を挙げて）。ブラジル人差別する」。

ミキオが帰国

一一月二三日、ミキオが退社した。妻と子供たちの待つブラジルへ帰国するためだ。仕事をやり終えると一言、「信じられない」。いつも歩いてきた道を、ミキオといつもよりゆっくりと歩く。空気は澄んでいる。東の空から日が昇り始めている。今まで見たこともないような大きなオレンジ色の太陽が、道の真っ直ぐ突き当たりのところから昇っている。ミキオは一言、「きれいだねえ……」。帰り道、私たちはいつものようにビールを買った。そして、ミキオのアパートで最後の乾杯をした。

これが、四回目の出稼ぎだ。妻や子供を残して、いつも一人で来る。今回は、三年半も帰っていない。初来日は二八歳のとき。現在四六歳。来日期間を足すと、一〇年を超える。パスポートは三冊になった。

私は、ジェイテクトでの検査の仕事についてミキオに聞いてみた。

「ハッキリ言って、ハッキリ言って（二度言って強調してから）、見れない」。スピードが速すぎるのだという。「〇〇社の車は買わないでくれ。上の看板になんて書いてあるの」と尋ねる。

「品質第一、全員参加」

1冊目のパスポートを開き「まだ髪がたくさんあるよな」

「違うよ。守ってないよ（笑）。スーパーマンでも見れないよ、まね、まね、まね」。かしめ個所（部位同士を継ぎ合わせている所）は、検査をしてる「まね」だけやっている、と言った。社員が「まね」しているからその「まね」をしているだけらしい。以前社員の中でも、とくに仕事がきれいで手が速いと言われているコナンが言った。

「作っているのは乗りたくないっすね。かしめなんか、もしきちんとやろうと思ったら、ぜったいライン回らない。そんなんできないですよ。毎日毎日同じことの繰り返しで」

ミキオが続けて言う。「（でも同じことの繰り返しなのは）ジェイテクトだけじゃない。他の会社もそう」。学んだことは「ない」

とはっきりと言った。

「日本はいろいろあったけど、だいぶ助かったよ。子供のときは田舎に住んでいたから、どんなことでもしますよ（笑）」。そして、「毎月必ず、一五万円以上はブラジルへ送金している」という。これは、ブラジルの平均収入の倍に当たる。日本人の感覚からすれば、毎月六〇万円の仕送りだ。「とくに、自動車工場がいっぱいあったから助かった」。

「オレは外国人だから言えるけど、（工場がたくさんあるのは）すごくいいと思う。ここが嫌と思ってもすぐ次があるし」

長野や浜松などいろんな都市で働いてきた。一番印象に残っているのは、最初に来た名古屋だ。名古屋は「好き！」。「最初のところだったから。第一印象も今も好き」。好きでも嫌いでも、すぐ次がある。こだわりはない。ミキオは、日本全体をとらえて話をしている。「どこでも行って、何でもしますよ。日本人だと、こうは難しいんじゃない？」。

彼の心のどこかにある、余裕みたいなものは何だろうか。仕事はきつかった。ラインが速すぎて検査も間に合わなかった。中でもジェイテクトが一番きつかったという。社員からの差別発言もあった。いろいろあった。それでも、今の自分を前向きにとらえられる余裕と安心感がある。それは、日本に来れば「最優先」の「家族」と「ブラジル」が、現実に近い将来、手に入るからだ。出稼ぎという流れにのれば、よい方向へ進む保証がある。「日本人はそうはいかない」と、ミキオもダシルバのように日本人社外工の立場を見抜いている。「池森さん、もう一本飲む?」、ミキオが聞いてきた。

今年の冬、ミキオの妻と妻の妹の二人はサンパウロ市内にケーキ屋を開いた。名前は〝G.G. BOLOS E SALGADOS〟。最初の〝G.G.〟は、妻のジェイジィとその妹のガルデニャの頭文字からとったものだそうだ。調理器具などに二八〇〇〇ヘアイス(二〇〇七年一〇月現在、約一五〇万円)使ったが、まだまだ出費がかさみそう。

「金なくなっちゃった」、そう言ったミキオの顔には、何か充実感が見える。家族みんなに、人生最大のプレゼントをあげたみたいだ。「息子はパソコンの勉強をしたいらしいから、新しいモニターでも買っていこうかな」。

ただ、こうも言った。「もうこっちには来たくない。『来たい』とは言いたくない。けどわからんよ。やっぱ家族は家族。別々に住んどったらいかんよな」。

第五章　製造現場の光と陰

自己責任

七月三〇日、いつものように朝のミーティングが終わってラインへ着こうとすると、日本人の社外工だけ休憩所に来るようにと組長が言った。何事だろうか。言われたとおり休憩所に行ってみる。休憩所に来ていたのは長友さん、中村さん、島袋さん、平目さん、比嘉君、そして私を入れて六人いる。もっと日本人の社外工はいたような気がしたが、そのときは気にならなかった。しばらくすると、係長がやってきた。緊急のミーティングだと言った。

まず、最近不良が多いこと。そして次に、それがどういった不良かきちんと作業者に伝わっているか。最後に、検査の人は不良を見つけたら、黙って勝手に手直しせずにきちんとライン外や組長に報告しているか。これら三点。なんてことはない、内容的には特別なことは何もなかったなあと思っていると、話の最後にこう言ってまとめた。「それを作った人が誰かわかるから、その人は自己責任を持ってもらう」。

彼の言う「自己責任を持ってもらう」とは、いったいどういう意味なのかよくわからない。「自己責任を取ってもらう」ということか。「おとしまえをつけてもらう」という脅しだろうか。もしそうなら、なぜそれを日本人の社外工にだけ言うのだろう。不良を出したブラジル人がいたら、名前を教えろということか。私たち六人は、それを黙ったまま聞いた。

数年前、私がニューヨークにある飲食店で働いていた時、日本人オーナーはよく私に言った。「指示してあいつらを使えよ」。〝あいつら〟とは、出稼ぎにきていたメキシコ人のことだ。彼らは私よりも長くその店で働いていたにもかかわらず、日本語も英語もわからないまま、ただひたすら仕事をこなしていた。そんな彼らを〝使う〟ことが、私に要求された仕事の一つだった。また、パチンコ工場でブラジル人の派遣を使い始めたときも、社長は言った。「派遣を何人使ってでもいいから数を作れ！」。この工場の日本人とブラジル人も、同じ図式なのだろうか。はじめから、ブラジル人に責任感など期待をしていないということか。では、日本人社外工は、責任を持ってブラジル人を使っているのだろうか。私はそうは感じなかった。

前述の「辞めさせられていくブラジル人」でも説明したように、辞めさせられるブラジル人は、あくまでも会社や社員によって辞めさせられていくのであって、日本人社外工が使えないと烙印を押してクビにするようなことはなかった。日本人社外工もブラジル人も、ここではほったらかしだ。

ミーティングが終わる。長友さんたち五人は各々のラインへ散らばっていく。私も手袋をはめながら、〇四ラインへ入っていく。鬼太郎とコナン、そしてミキオとダシルバがいる。ミキオとダシルバはラインに入ってきた私に気づいても、何も言わずにいつものように働いている。私は頭の中で、もし、ミーティングの内容を聞かれたらどう答えようかと考えながら仕事を始めた。

辞めていく日本人社外工たち

実は、このミーティングがあった前日、日本人社外工が三人退社した。クビではなく、三人とも自分から辞めた。急に人が少なくなったから気になった。辞めた人と親しかった人などにあとから事情を聞いてみると、辞めた理由はそれぞれ違っていたが、どれも理解はできるものだった。ただ、どれもブラジル人ならあり得ないような理由だとも思った。少なくとも、私が働いていた二〇〇七年の一〇カ月間においては、これらの理由で辞めたブラジル人は一人もいなかった。

また、辞めていく理由の中で私がひっかかったのは、仕事がきついから辞めた人がほとんどいなかった点だ。製造業はとにかく仕事がきついイメージがある。自動車工場のライン作業と聞けば、肉体的にきつかったから辞めたのだろう、もしくは単調だから精神的に疲れて辞めたに違いないと誰もが推測しがちである。そういった推測をしがちなのは当然だ。きついのは事実だからだ。それらが理由で辞める人ももちろんいる。ただ、仕事がきついことが辞めていく大きな要因であるという推測は、ここでは当てはまっていない。では、この工場の、この組の人が、何か特別だからだろうか。私にはそうは思えない。

左の表は、一三八組の社外工について、入社した人と退社した人をまとめたものだ。前述したように、ブラジル人はクビにされることが多い。二〇〇七年に退社した一五人のうち、四割以上はクビにされて辞めている。一方の日本人社外工を見ると、一人だけ違う組に移動させられたものの、それ以外一人もクビにはされていない。ただし、入社しても四人に三人が、半年以内に自分から会社を辞めていく。ブラジル人で半年以内に自分から辞めていったのは、わずかに四人（二七％）だ。しかも、うち一人は身内に不幸があり辞めざるを得なかった。まったく同じ作業をしているのに、これはいったいどういうわけなのだろう。

日本人には、日本人なりの辞める要因があるのではないだろうか。その要因の根底にあるものは何なのだろうと私が感じ始めたのはこのころからだった。日本人社外工が辞めていく理由を見ていくと、ブラジル人を〝使う〟ように要求されても、そんな余裕はどこにもないように思えてくる。短い期間で辞めていく日本人社外工は、いったい何を考えながら仕事をしている

入退社表　2007年

12月	11月	10月	9月	8月	7月	6月	5月	4月	3月	2月	1月	
カルロス	モレイラ トシオ		エレキ コウイチ	ブラジル人 林 ブルーノ	タリア ジャケリネ 小川 松山 ブラジル人 ブラジル人	アンドレ カイオ フランコ	高田 セリオ	汐谷	テツオ	佐藤(兄) 佐藤(弟) 池森 ウィリアン	ブラジル人 花巻 伊林	**入社**
ダシルバ ミキオ 池森 **モレイラ**		イゴール ウィリアン	**アンドレ**	ブラジル人 ブラジル人 **林**	**高田** **汐谷** **金城** **松山** **伊林** 花巻	セリオ マサミ	ミヤモト	トシアキ **平村** **佐藤(兄)** **佐藤(弟)** 浜田	**テツオ**	**ブラジル人** ブラジル人		**退社**

太い字　半年以内に自主的に退社した人
薄い字　クビ

	入社
日本人	10人
外国人	18人
全体	28人

	退社	自主退社	半年以内に自主退社	クビ
日本人	12人	12人(100%)	9人(75%)	0人(0%)
外国人	15人	9人(60%)	4人(27%)	6人(43%)
全体	27人	21人(78%)	13人(48%)	6人(22%)

のだろうか。また、辞めていかなくても日本人社外工はこの仕事をどう思っているのだろう。まずは、辞めていった日本人社外工を具体的に見てみよう。

伊林君（北海道出身・二一歳）。○六ラインで働いていたが、同じラインのマサミ（ブラジル人）と合わなくて辞めた。マサミの方が働いていた期間は長かった。その後、マサミはクビになった。マサミがいなくなったにもかかわらず、しばらくして伊林君も辞めた。日本人とブラジル人との衝突は、私が取材している間に何度もあった。例えば、七月六日、○六ラインでは、アンドレと比嘉君が何かが原因でもめた。比嘉君は昼で帰ってしまった。その後比嘉君はマカコに相談した結果、SWラインや○四ラインで働くことになった。

こんなこともあった。SWラインで働いていたブラジル人のイゴールとパラグアイ人のハビエルが、仕事上の些細なことで衝突した。イゴールが私のいた三九○ラインに飛ばされてきた。けれども、それは一時的で数日後にはSWラインへ戻り、また仲良くしゃべりながら働きはじめた。

日本人とぶつかって、部品を床にたたきつけ激怒したブラジル人もいた。ダシルバだ。ダシルバが激怒したのは、入ってきたばかりのその日本人社外工がダシルバの働き方にイライラしていちゃもんをつけたからだった。この場合は日本人も辞めなかったが、その後ずっと溝は埋まらなかった。

どれも共通しているのは、社外工同士で衝突している点と、原因はちょっとしたこと、そして、距離をとろうと離れていったり辞めていったりする場合、それは決まって日本人の方ということだ。日本人はブラジル人と合わないことに、いつまでたっても対応できずに結局離れていったりするが、ブラジル人は日本人と合わなくて当然とはじめから考えていて、ほんの少しでも合えば喜んで対応する。ブラジル人から日本人社外工についての陰口は、ほとんど聞いたことがないが、その逆はいつでも聞ける。日本人特有の外国人コンプレックスは、どうしてもマイナスにしか作用しないようだ。

金城君（沖縄出身・二二歳）。〇六ラインなどで働いていた。はじめから半年と決めて出てきていた。自分で決めた期間を無事満了し帰郷した。日本人社外工としては、一番賢い辞め方だろう。一三八組のブラジル人の中に、半年という短い期間で働き来ているものは一人もいない。ちなみに、「あいつ（金城君）は使えるけど比嘉（同じ沖縄出身で金城君の友人）は使えん」というのがマカコの評価。期間を決めればがんばれるのかもしれない。

以上が、ミーティングのあった前日に辞めた三人のうちの二人である。最後の三人目を語る前に、同月退社した高田君と松山さんの退職理由も述べておこうと思う。彼らもまた、ブラジル人にはあり得ないような辞め方をした。なお、松山さんは正確には退社したわけではないが、一三八組からいなくなったという意味で、退社扱いとして紹介する。

高田君（青森出身・二〇歳くらい）。〇六ラインなどで働いていた。ある日の夜勤明けの朝、家で寝ていたところに、人材派遣会社の営業から電話がかかってきた。起こされたことにキレて辞めた。彼はわずか四日で辞めたので、ほとんど話す機会はなかった。この田戸岬工場を担当しいている小松開発の営業は、日系ブラジル人のタナカさんという人だ。工場の二階にある食堂の横には、小松開発専用の小部屋があり、ほとんど毎日昼食時にタナカさんが待機している。タナカさんがいないときは、替わりのブラジル人がいる。昼の休憩中、食事を終えたブラジル人でこの部屋はごった返す。私はタナカさんとしゃべりたくても、ほとんどしゃべることもできない。タナカさんはときどき、休憩所にも顔を出す。

「ほとんど顔見せに来ねえし、ほんとやる気ないよね」。伸光の営業についての花巻さんのコメントである。

松山さん（出身地関西・四〇歳くらい）。〇六ラインで働いていた。一緒に働いたことはないが、私が話しかけたことがきっかけで、よく話しかけてくるようになった。ある日、休憩のとき、一人で歩いていた私のところに来ると、関西弁ですまなさそうにボソッと話した。「みんな速いですねえ。ついていけませんわ」。仕事中も社員に「速いですねえ」とか、「えっ、残業あるんですか?」とか言っていた。ブラジル人にとって残業があることは大前提である。残業できないとなると、当然「動きが悪い」と社員たちから文句が出た。働き始めて三週間くらいたったある日、〇六ラインで働いていたある社員は、直接松山さんに「みんなに迷惑がかかりますから辞めてもらってもいいですよ」と言った。翌日から、松山さんは来なくなった。クビだろうと思っていたら、他の組に飛ばされたとあとから聞いた。その組でも同じようにパワーハラスメントを受けていなければよいが、クビになっていないだけまだましなのかもしれない。ブラジル人なら、間違いなく即クビだろう。定時で帰ったりしていたマサミがクビになったように。

汐谷君という社外工

七月末に辞めた三人目の日本人社外工、それは汐谷君（二〇歳）だった。前述のとおり、〇四ラインと三九〇ラインでミキオや私と働いていた。北海道の北見から出てきて、東京で少し働いたあと、時給のいい愛知へやってきた。やる気も十分あって、人一倍手も早かった。仕事中しゃべっていたのを見たことすらない。「(ライン作業を) とりあえず全部覚えたい」と言っていたあの汐谷君が、三ヵ月足らずで辞めてしまった。

汐谷君は、油が手に合わなかった。「油負け」した手は日に日にひどくなり、いつしか手袋をしたまま休憩するようになった。「ここにいるのは長くても今年いっぱい」と言ったのが辞める一ヵ月前だ。そう言った日、マカコがたまたまいなかったので、「ボール入れのやり方教えようか」と私が言っても「いいや、いいです」と断って、その場からスッーと離れていった。ついこの間まで、「オレ、速いっすよ」とか、「とりあえずぜんぶ覚えたい」と自信たっぷりに言っていた彼が、まるで別人のように小さく小さくなってしまった。

組長に報告して、ヒジまである長めの手袋を支給してもらったときには、すでに医師からは仕事を辞めない限り治らないと言われていた。手首の上の方まで赤く腫れあがり、手の甲の皮はほとんど剥けてしまってピンク色をしていた。乾燥すると、皮が硬くなり指が曲げられないと言った。「実家に帰ろうかなと思ってます。こっちにいたらどこ行っても (油作業やるから) 一緒だと思うし……」。

最後の週は無断欠勤が続き、それまでの良い印象をすっかり悪いものに変えていなくなってしまった。かわいそうな辞め方だった。汐谷君にとっては、無念の退社だったと思う。

手の荒れが原因なのだから、これは国籍など関係なくブラジル人でもありうるのでは、と思う人がいるだろう。汐谷君はたまたま手の皮膚が弱かったからだ、ブラジル人にも弱い人がいるだろう、同じことになったらブラジル人だって辞めるだろうと。確かに、皮膚の油負けが直接の原因で辞めたわけだから、ブラジル人にも起こりうる。事実、多少荒れている人は私を含め、他のブラジル人にもいた。けれども、やはりブラジル人が同じ理由で辞めることはないと思うのだ。それどころか、これこそブラジル人には絶対あり得ない辞めかただと言っていい。問題なのは、手の荒れが医者に止められるくらいひどい状態になるまで、ブラジル人がこのライン作業をやるだろうかということだ。

汐谷君は組長に、手の荒れを報告して対処してもらうことができなかった。徐々にひどくなっていっても黙っていたのだ。検査の仕事など、油の飛ばないところに移動させてもらえるかどうかを聞くこともなかった。それどころか、自ら一番大変なところをやり続けた。組長に認めてもらうためだった。がむしゃらに仕事をするほどやる気があったから我慢したのだ。手の荒れより仕事の出来が優先だった。やっとの思いで、手の荒れのことを報告したときには、もう手遅れだった。ブラジル人はそこまで我慢しない。作業手袋もナイロン手袋も使いたいだけ使う。手があれほど荒れてしまう前に、仕事を辞める。

日本人社外工とブラジル人との違いは、手の荒れだけではない。作業服の汚れを見てもわかる。ブラジル人の方がきれいだ。朝のミーティングで全体を見渡すと、それはよくわかる。例えば、ともに二年くらい働いている島袋さんとロドルフォを比べると、ロドルフォの作業服は新品なくらいきれいだ。一方、島袋さんの作業服は上下ねずみ色に変色している。ダシルバのもきれいだ。ミキオもきれい。秋田からの兄弟はものすごく汚かった。伊林君や比嘉君も結構汚れていた。鬼太郎は真黒だ。

汐谷君の作業服は入社して間もない時点で、すでに油まみれだった。がむしゃらにやれば、当然作業服などすぐに真っ黒になる。グリスや油をよく使うからだ。秒単位のライン作業において、作業服が汚れないように作業をしようと思ったら、意識的に注意を払わなくては無理だ。逆に、一秒でも速くラインを流すことを意識すればするほど、作業服は汚れていく。ブラジル人は、ライン作業をそれほどがむしゃらにやったりはしない。まして、「オレ、速いっすよ」と手の速さを自慢するようなブラジル人はいない。三九〇ラインの先頭をやるブラジル人は、「ハア、ここか、やりたくねえなあ」といった顔でやりはじめる。そして、スキがあればすぐに他の人と交代しようとする。「目つぶってやってみたんですけど、簡単にできましたね」という言葉は、汐谷君くらいやる気がなければ出てこない。

汐谷君の手の荒れは、制服の汚れのように、仕事に取り組む姿勢の結果そうなってしまったのではないだろうか。では、取り組む姿勢とは何だろうか。汐谷君にここで働くことに何か目標があったのか。すべての作業工程を覚えることが目標だった？　そんなはずがない。その先に何かあったのだろうか。そこまで聞き出せずに汐谷君は辞めてしまった。ただ、わかることは、汐谷君は決して社員になるために仕事をしていたわけではないということだ。自分をアピールするためにそこまでやっていたわけでもない。汐谷君についてよく知る花巻さんは、あるとき、少しいらついた口調で言った。

「なんか、パソコンの勉強したいらしいんだけど、ならやれよって話でしょ。それが出来ないからここにいるんでしょ。いつもでかいことばっかり言って」

汐谷君ががむしゃらにやっていたのは、こんな工場しか来るところがなかったからではないだろうか。今いる場所でクビになったりしたら困るのだ。手の荒れより、仕事の出来が優先だったから、辞められなかったのではないだろうか。彼のラインでの動き方は、そう物語っていたような気がする。

思い描いていた予定より、短い期間で日本人社外工が辞めていく理由には、何か余裕がなくなってしまったからという共通点がある。はじめから余裕がなかったと言ってもいいかもしれない。だから、その人によって限界の種類・程度が違うだけで、限界に達したら辞めることに変わりはない。決して、仕事に取り組む姿勢に問題があるわけではない。

その余裕のなさは、いつクビになるかわからないから安心して働けないといった不安とは別物のような気がする。クビになることが不安なら、ブラジル人の方が不安であるはずだ。だが、彼らがそんな不安と隣合わせで働いているようには感じられない。おしゃべりをし、ふざけ合い、笑いあって作業をする。日本人社外工に余裕がなく、安心して働けない理由は、何か別のところにあるのではないだろうか。辞めていった者たちの事情を知るにつれ、そんなことを感じ始めていた七月末、汐谷君とほぼ同じ時期に、さらにもう一人の日本人社外工が辞めた。

突発休み！

この工場でよく使われる言葉の中に、「突発休み」というものがある。突発休みとは、病気など急で不可避的な理由で仕事を休むことを言う。適当なウソをついてのズル休みも突発休み。理由は何であれ、その日に連絡して欠勤すれば突発休みになる。細かなデータはないが、月曜日と金曜日に突発休みは多い。みんなまとめて休みがほしいのだ。

組長は作業者に突然休まれるとその日の生産にかかわるわけだから、その点に関しては非常に厳しい。朝礼でも、他に言うことはないのかと言いたくなるくらい、「突発休みをしないように」と繰り返す。そのため、突発休みをするときはある程度の覚悟がいる。

七月二日。月曜日。花巻さんが会社を休んだ。それは、働きだしてから初めての突発休みだった。金曜日は有休をとって休んだから、四連休になる。

「どうせ新しい仕事当たっているんだろ」。最近同じラインに入っていて、仕事中親しそうにしゃべっていた勤続三〇余年の赤木さんは、少しも表情を変えずに言った。辞めていく社外工を何百人と見てきている人だ。勘でなく確信なのだろう。

翌日三日の火曜日。花巻さんは出勤した。三時の休憩が終わり、ラインへ向かおうとしたときに花巻さんを見かける。見たことないような猫背で歩いている。早足で駆け寄って話しかけるとこう言った。「辞める。七月で辞める。明日辞めるって伸光のヤツに言う。もう腹決めた」。思ったとおり、仕事を探すために休んだわけではなかった。金曜日から胃痛がひどく、食べてもすぐに戻してしまって大変だったと言った。週末に医者へ行ったら、「ストレスからきているって言われた」。そう言うと花巻さんは、最近任されている〇六ラインの最終検査の方へとゆっくりと歩いて行った。初めて会社を休んだときには、すでに限界がすぐそこにまで迫っていたのだろう。それでも組長は、「突発休みをしないように」を繰り返す。

仕事のあと、少し花巻さんとしゃべる。ジェイテクトを辞めたあとの次の仕事は、また派遣での工場勤務だという。ただ、以前話していたような製造ではなく、荷物を運ぶフォークリフトでの仕事を探していると言った。同じ北海道出身で、この工場で去年の夏からリフトに乗っている佐々木さんから、いろいろと話を聞いているようだ。今週の土日の二日間と、七月にもう二日、日曜日を二回使って、計四日でリフトの免許が取れる。

「……そいつ（佐々木さん）もまだ社外工だかんね。『いつまで派遣やってんの』ってそいつに言ったらさ、『お前もだろ』って言われちゃった」

その週の金曜日、「辞める」と決心してからさらに三日間悩んだ末の六日。ついに、今月いっぱいで辞めると伸光の営業に伝えた。すると、こんな反応しか返ってこなかった。「一ヵ月前に言ってもらわないと困る」。

七月二〇日。花巻さんの出勤も残り数日。マカコが七月の給料明細を手渡してきた。休憩中に開けてみてみる。仕事の後の掃除中、花巻さんがやってきて聞いてくる。

「給料いくらあった」

「二七万です」

「総支給で？」

「いえ。いろいろ引かれた後の振込額で。花巻さんは？」

「二八万から家賃とか引かれて二四万。四〇歳にもなってたった二四だよ……」

社員が数人集まっている辺りでは、昨日出た不良の話で騒がしい。反対番の〇四ラインで作った二七番にデフレクターがないヤツがあり、メーカーまでいってしまったそうだ。対策として、工作機械そのものに手を加えるようで、組長やら課長やらが機械をいじっている。工程が増えるかもしれない。最終検査も通ってしまったから問題は大きい。ペオン長は「どうしてそんなんが出るかわからん」と言っている。その横で汐谷君が、「あんなものがあったら、普通途中で気づくでしょう」と、いつものように冷めた感じで発言をすると、すぐに花巻さんが諭すように言った。「人のやることだから、〝ぜったい〟はないよ」。

七月二七日。夜勤。花巻さんの最終日。汐谷君は無断欠勤。花巻さんは〇六ラインの最終検査。私は三九〇ライン。休憩後、ラインに付くとき、すれ違いざまに花巻さんが言う。「終わると早いね」。これが今日唯一、花巻さんから聞いた言葉だった。この工場に一年はいるつもりだったのに、半年で退社。

地域経済崩壊の北海道

七月二二日。日曜日の夕方六時すぎ。半田駅で花巻さんと会う。それから、花巻さんの車で工場近くの焼き肉店に行く。今日リフトの試験があり、本番で少し失敗したものの、九一点で無事合格したそうだ。一度北海道へ帰ってから、また愛知へ来る予定だという。今度は、リフトの運転手として。

「で、話ってなに？」

花巻さんが聞く。私はそこではじめて、工場で働いている理由を明かした。そして、花巻さんについても書きたい旨を話す。最初の返事は、「ちょっと考えさせて」。

過去を語ることに躊躇している様子。そして、「オレ、そんなにいい人間じゃあないんだよね」と言うと、右のホオに指で縦に線を引きながら、「こういう人に近い人たちにも会ってるからね。あんまり期待しないで」。もし、断られたらどうしようかと一抹の不安がよぎる。けれども翌日、花巻さんは取材を承諾してくれた。「書いてもかまわないことだけ、話してもらえればいいですから」と私が言うと、「もう、いろいろ全部話してんじゃん」と、歯を見せて笑いながら言った。久しぶりに、花巻さんが本当に笑っている顔を見た。

後日、ファミレスで会い、じっくりと話を聞き、その後、花巻さんのアパートでもさらに話を聞いた。

花巻さんにとって、製造業を経験するのはここがまったくの初めてだった。一九歳から一〇年以上、今の私の年（三二歳）の頃まで、地元釧路にある造園会社に勤めていた。花巻さんは、もともと庭師という職人なのだ。庭師だった人が、鉄鋼のダンベルの検査をしていたわけだ。

その会社では普段の仕事の他に、造園を作るコンクールがあった。課題は例えば、二メートル×三メートルの四角の中に、時間内に竹かけや水鉢、飛び石、植木などを作るというもので、花巻さんは組合の代表でもあったそうだ。毎年地方大会があり、造園二級の資格を持っていた二三歳のときには、北見の大会で準優勝した。一位とは「六点差だった」。また、三〇歳くらいのときは、札幌の大会で四位。このときは造園一級技能士の資格を持っていた。二、三年に一度、全道大会もあった。会社では現場監督として働き、年収は五〇〇万くらいあった。

もともと、造園に興味があったわけではない。「入社したての頃は穴掘りばっかり。一週間ももたないと思った」が、「同僚がいい人だった。社長もいい人。評価も給与も上がった。だから十何年も続いた」。

その間に資格もたくさん取った。造園一級施工管理技士・造園一級技能士・移動式クレーン・車両系建設機械・玉がけ・高所作業（一三メートル未満）・溶接。造園の会社に長年勤めていたことは知っていたが、資格をこれほど持っているとは知らなかった。自称「資格マニアだよ」。笑って答える。取得の際の費用は、すべて会社が支払った。そして今回、フォークリフトの資格を取った。資格としては、初めて自費で取ったものだった。

三三歳のとき、離婚。現在（二〇〇七年七月）中学三年生の長女と小学三年生の長男は、そのまま釧路に住んでいる。その後、土木関係の仕事をしたが「古い人から仕事をもらえる。仕事ないときはヒマ」ということで続かなかった。その頃（二〇〇五年）の釧路の有効求人倍率は〇・四五倍。北海道全体で二二ある安定所の中で五番目の低さ。それから、重機オペレータの仕事を一年間やった。夜勤も経験した。

二〇〇六年一月。札幌の知り合いと二人で茨城県の下舘へ行った。その知り合いが、下舘にある電気屋と知り合いだったからだ。これが初めての出稼ぎとなる。日曜日だけ休み。家賃・光熱費込で五万円。仕事はダクトなど配線・配管の工事で、日当一万円からのスタートだった。図面を見ての作業。塩ビ管を付ける。「曲がっているところは自分で考えて加工する。そこが面白い」。高所での作業もあってドキドキした。

また、その電気屋では、ときどき銅線を売る「ちょっとしたアルバイト」もあった。一キロ七〇〇円で売れたから、例えば八〇〇キロ売ったら五六万円になった。会社に溜めておいて、売るときは三、四人でトラックに積んで売りに行った。仕事は昼で終わるときもあったから、付き合いでパチンコや飲みに行ったりもした。出ていく金も多かった。

ところが、半年ほどたったその年（二〇〇六年）の七月末、父が病気で倒れたという知らせが入ったため、電気屋を辞めて両親の住む札幌へ戻った。

二〇〇六年夏から、とりあえず札幌でアルバイトを始めた。イエローページの配達と回収を定期的にする仕事だった。それだけでは足りないので、建設会社にいた知り合いを頼ってその手伝いもした。日当たり八〇〇〇円から九〇〇〇円。「もし、二五日働いても、八〇〇〇×二五で、二〇万にしかならない。二〇万で生活できる？」、そう聞かれたとき、私は何も言えなかった。黙っている私に、花巻さんは言った。「（北海道の）仕事の数は昔に比べて少ないかんね」。

仕事が少ない上に相場も安く、ずっと条件が悪い。例えば、三年くらい前に受けた設備会社の面接では、「日給六五〇〇円。よくて八〇〇〇円。昔は九五〇〇円スタートとかあったのに」。

花巻さんの両親は、もともと体が弱く、年金と生活保護を受けて生活している。また、一緒に住んでいる弟には、国指定の難病がある。「だから、稼ぎがあるのはオレ一人だった」。最優先は、両親たちと札幌で住むことだった。ところが、生活保護の担当者が「月給がある家族と住んでいると生活保護の金額が削られるって言うからさ、出なきゃならなかった」。

二〇〇六年一二月の暮れ。札幌市北区役所の隣で、内地の仕事にかんする集団面接会があった。茨城・岐阜・愛知・静岡……。いろいろあった中で、「最も時給が良かったものを選んだ」。仕事内容で選んだのではなく、時給で選んだ。そうする理由が花巻さんにはあった。そして、それが結果的にたまたま愛知の製造業だったわけだ。仕事内容は、「自動車の部品製造」と紹介されていた。時給は一三四〇円のスタート。八時間働けば一万円以上になる。しかも、三カ月間皆勤なら、五〇円時給が上がる。「じゃあ、一カ所製造業を経験してみよう」、そう思ったそうだ。一人で愛知へ向かった。

ちなみに、花巻さんが出稼ぎを決めた二〇〇六年一二月時点での、札幌の有効求人倍率は〇・五七倍。それは全国平均の半分、愛知県の三分の一以下だった（全国一・〇七倍、愛知一・九三倍）。

札幌から車で苫小牧。そこからフェリーで敦賀まで来た。「伸光の営業は、年内にはちゃんと来てくださいよ」って言ったけど、「正月を家族・両親と過ごしたかったから、年明けに出発することにした」。それが、二〇〇七年一月一一日。七日に来る予定だったが船が欠航になったため、一〇日出発になった。翌日、敦賀港着。翌一二日、工場見学。その日、マカコと会うなりこう聞かれた。「年いくつだ」、「三九です」と答えると、「社員は無理だな」、そう向こうから言ってきた。それについてどう思っているのか聞くと、「社員を目指しているわけではないから気にはならなかった」。

同日、一三八組に入ると言われ、ラインの「検査」を頼まれた。見学会のときに聞いた仕事内容は「組み付け」だったのに、こちらにきたら「検査」に替わっていた。そのときはわからなかったが、検査をやる人がいなかったから検査に回された。でも、そのときは営業が「検査の方がラクですから」と言ったから、別に何とも思わなかった。一三、一四日は土日で休み、翌一五日から仕事が始まった。ほとんど落ち着ける時間もなかった。

モノ作りは楽しい！

花巻さんのアパートは、会社から七・五キロ離れた半田市にある。六畳ワンルームにユニットバスが付いた、よくある１Ｋタイプのアパート。家賃四万八〇〇〇円。光熱費込みで六万円くらい引かれた額が給与として支払われる。そこから食費に仕送り、携帯電話代、そしてタバコ代などが引かれる。ビールは二、三日に一缶だけ飲む。タバコに関しては「俺はヘビー」。月に一万円以上使う。一日一箱。休みの日は二箱。

部屋の中は、殺風景でガランとしている。きれいに片付いているというより、片付けるだけの物がない。人の家に行くと、それなりの趣味の物とか嗜好品とか目につくものだが、花巻さんの部屋には、それらしきものがほとんどない。あるのは漫画の雑誌が数冊くらいだ。半年暮らしているとは思えないほど、無味乾燥の部屋だ。それは、まるで愛知県に来てからの、花巻さんの心理的状態を表しているかのようだ。

朝晩は自炊と決めている。節約だ。昼はオニギリを作ってくる。会社の食堂で食べたのは一度だけ。モツの煮込みとごはん、それに味噌汁で四八〇円だった。

休みの日は競馬場へよく行った。名古屋の中京競馬場だ。使うのは一万から二万円くらい。ほとんどマイナス。一度、茨城から友人が来たときがあったが、そのときはパチンコへ行った。競馬の他にパチンコも好き。「四万円くらい勝ったときもある。でも、トータルプラスマイナスゼロ。（こっちでは）一〇回も行ってない」。

出荷検査の感想を聞くと、「正直つらかった。毎日同じことの繰り返し」。六〇本×二六パレット＝一五六〇本。多いときは一八〇〇本の検査。「二人でやっていたからよかった」。私がライン作業をやるようになって、しばらくしてから出荷検査はなくなった。そして、花巻さんは〇六ラインの最終検査とその前の組み付けの工程をやっていたのだが、それについては少し違う感想だ。「最終検査きつかったけど、組み付けにも入れたから楽しかった（検査に比べて）。モノを作るのは楽しい」。

花巻さんが「モノを作るのは楽しい」と言ったことに、私は共感した。日本人社外工が仕事のきつさやその単調さが理由で、辞めていくわけではないということは先に述べた通りだが、花巻さんも例外ではない。それどころか、つらくてきついけれど「モノを作るのは楽しい」と感じていた。けれども、半年で辞める決心をした。その「けれども」が問題なのだ。本来楽しいはずのモノ作りが、楽しくなくなる原因がある。

「アメとムチ。ここはアメがない。忙しい中にも早く切り上げるときがあってもいい。気持ちが違う。ただ、やれ、やれ、やれ。回せ、回せ」と、花巻さんはここでの仕事を振り返る。ねぎらいの言葉はただの一度もない。マカコやその上の係長からも言葉をかけられない。「調子どう?」とかのコミュニケーションもなし。だから、人間関係が難しいし冷たい。以前、花巻さんは言った。「(マカコはオレに) 絶対話しかけてこない」。そんな中で、一本二〇秒の検査を八時間もやっていた。

花巻さんの話しは続く。

「社員がよそよそしい。長くいる所じゃないよ。……社員仲よさそうじゃないもん。なんで何も言ってこないの。二九パレットやったら、『あ、いいよ』だけだもんなあ。先長いんだったら、長く続けるところじゃないよ。組長は自分の（組の）ところだけ出来ていればいいという思いがある。だから冷たい。人の使い方が下手だよね。社風として、人を育てようという気がない。例えば、不良を出してしまっても、上から小言言われて終わり。これじゃあ不良出したか出していないかもわかんない。オレだっていつかは不良出すかんね。どう評価されているかを知ることは、働いている者にとっては大事なことだよ」

花巻さんのガランとしたアパート

「それにしても、ここはほったらかしだね」、花巻さんがよく言っていた言葉をまた言った。

造園の会社で十代のころから育ててもらった経験と、部下を育ててきた現場監督としての経験が、花巻さんには深く刻み込まれている。そこには常に、仕事に対する良し悪しの「評価」があった。ただここでは、どれほど頑張っても「評価」が存在しない。花巻さんは、「（勤続三二年のベテラン社員の）赤木さんだって、はなっからこれだかんね」と言って、五本の指先をそろえて下にした。はじめから社外工は見下されコマ扱いされる。「評価」などあるわけがない。それは花巻さんにとっては、大事なことが抜け落ちてしまっている職場だった。花巻さんが半年で辞める決心をしたのには、こうした理由があった。結局、「得るものはなかった」。

待遇についてはどうだろうか。確かに給与は現場監督のころに比べたら減った。けれども、「給与的には不満はない」と言った。ただし、「土曜出勤して、夜勤もすべて出て、残業も三〇時間以上して、やっと三〇万届くくらい。三〇万×一二ヵ月で三六〇万。どれだけ底辺にいるのって感じだよね。よくテレビで、インターネットカフェ難民とか言っているでしょ。あの次にいるって感じだよね」。

ベッドの上には一冊の黄色い雑誌がある。コンビニなどに置いてある地元の無料求人情報誌『タウンワーク』だ。私がそれに目をやっていると、「オレのバイブル、タウンワーク」と花巻さんは静かに言った。

次に来るときは、リフトの仕事をする。車は持ってこないつもりだ。「今回は全く金なしで来た。次回は本気で金貯めるつもり。一年くらいで」。

フェリーは八月一日、午前一時に出る。今年一月一一日に着いた同じ敦賀湾から出港する。花巻さんの話を聞くにつれ、私は悔しくなってきた。彼は一年はいるつもりだった。ただ、お金を貯めるためだけに。三ヵ月間無欠勤だったら時給が五〇円上がる。「それを目指して頑張っている」と聞いたとき、本当にお金のためだけに北海道からこの工場まで来たのだと知って、ちょっとビックリした。休日の楽しみは競馬くらい。いつも昼食にはオニギリを作って持ってきた。三ヵ月間は耐えた。次は、さらに七ヵ月間無欠勤だと時給がもう五〇円上がるのだが、その後は結局、三ヵ月しかもたなかった。不眠にストレス、出勤するのがやっとだったに違いない。つらくて、得るものはなくて、愛知県にいたこの半年間は何だったのか。

後日、私は一つだけ引っかかっていたことを聞いた。北海道に戻って造園の仕事をどうしてやらないのかと。現場監督で五〇〇万も稼いでいたのなら、何か仕事はあるだろうと思ったからだ。

「造園の仕事はやりたくない。もともと嫌いだからさ。現場監督といっても、造園は建築とかより百万二百万も安いから。それに現場で大学出のヤツに使われるし。現場の仕事が取れなきゃ、冬は仕事ないからね。あるとすれば除雪作業くらい。でも、除雪作業は安いしきついからさ。造園はさ、一緒に働いていた会社の人が良かったから続いただけでさ。今は人も替わっちゃて雰囲気も変わっちゃった」

給与の低かったであろう若いころに辞めずに、現場監督になってから辞めたくなった。それは勝手だ、贅沢だと言われるかもしれない。けれども私は、それが一般的な庶民の感情だと思う。仕事を辞める一番の理由が人間関係なら、続けられる理由も人間関係だ。花巻さんはそういう人なのだ。私が四年間いたパチンコ工場は、時給七五〇円のスタートだった。上がっても八〇〇円。けれども、楽しくて辞められなかった。仕事ではなく、人間関係が楽しかった。今でも、時給八〇〇円で働いていた人達とたまに会って飲んだりする。

この組でも、周りの人が良ければ続いていたのかもしれない。組長や正社員から仕事に対するねぎらいや評価があれば、一年間働けたのかもしれない。その土台があってはじめて、三ヵ月間皆勤だったら時給が五〇円上がるという、お金を貯めるための目標に頑張れる。花巻さんがあるとき言った「(ここでの仕事は)半年やったら十分だよ。先長いんだったら一生続ける仕事じゃない」という言葉。花巻さんはこの組で働き始めて、すぐにそう悟ったのだ。

ブラジル人と日本人社外工

七月、日本人社外工ばかり六人が退社した。四月から七月までの四ヵ月間で、計一〇人の日本人社外工が辞めた。それとは対照的に、ブラジル人は一人も辞めていない。ただし、四人がクビになっている。だが、ブラジル人はどこか余裕がある。

例えば、休日の過ごし方。七月のある日曜日（七月八日）。ロドルフォたちはみんなで集まって内海海岸へ行き、一日中シュハスコを楽しんだ。みんな妻や恋人などを連れてきていた。いつも彼らは、誘い合って〝みんな〟で何かをする。「ケン、今晩岡崎でドリフトやるから来ないか」、「ケン、今度の土日、テコンドーの試合が大阪であるから来ないか」、「ケン、今度碧南でパーティーやるから来ないか」、「ケン、次の日曜、刈谷のブラジルレストラン行こうぜ。シュハスカリヤだぞ」。

ブラジル人は、外出を控えるなんてことはしない。ロドルフォの言葉を借りれば、「仕事が終われば、パーティー！　何かあれば、すぐパーティー！」。ブルーノの言葉を借りれば、「五時からは、飲みましょ！　飲みましょ！」。

また例えば、ある週の土曜日の夜勤。その夜は大型台風が接近していて外は強風、横なぐりの雨が降っていて、建物内すべてのシャッターを閉め切っての作業だった。そんな大荒れの夜、休憩中にロドルフォが言ってきた。「ピザを注文してあるから、今日は食堂で食べないで」。

正社員の人たちは、明日の朝、名鉄線は運休するだろうなどと話している。台風が接近中の真夜中に、ピザの配達があるのか。私は半信半疑のまま仕事を続け、休憩時間になった。言われたとおり食堂へは行かず、ロドルフォたちと一緒に、建物の外へ出てピザの配達を待った。

一〇分くらいすると、真っ暗闇で暴風の中、一台のスクーターがずぶ濡れになってやってきた。ブラジル風のピザやコショウの利いた丸くて薄いパン、そしてコーラ。休憩所はちょっとしたパーティーのようになった。台風直撃で真夜中、そんなことは関係ない。デジカメまで持ってきていたウィリアンが、楽しそうに撮影をはじめた。一人一五〇〇円。

同じ組で社外工として働いていても、ブラジル人と日本人とは大きくどこかが違っている。それは、単なる国民性の違いとは異なる気がする。職場の日常でも、何かが違うと思わされることは他にもある。

例えば、休憩中の風景。休憩所には、いつも日本人社員とブラジル人社外工しかいない。混ざって隣同士に座っているわけではない。社員の集まる小さなテーブルが冷蔵庫の近くにある。社員たちのテーブルには眠気覚ましのドリンクの小瓶が並び、まるで反省会のようにみんな黙って下を向いているときがある。別に何もないのだろうが、二〇代前半の若者が何人もそうしていると、なんだか心配になってくる。そして、ブラジル人の集まる長細いテーブルが、そこから横付けに並んでいる。彼らは対照的に静かなときがほとんどない。コーラを飲んでチョコやクッキーを食べながらしゃべる。ダシルバなど、「私（お菓子を）いっぱい食べる」と言うと、力こぶを見せつけて笑っている。そして暇になると、静かな社員をときどきからかってリラックスしている。

この休憩所に、日本人社外工は私だけしかいない。他の日本人社外工はというと、建物の外の喫煙所やパレット置場などで各々がバラバラに休憩をとっている。どんなに外が寒くても暑くても、例え雨が降っていても、休憩所に来る日本人社外工は私以外にいない。

休憩のときくらいはリラックスしたいと誰もが思う。だから、リラックスできる場所へ行く。ライン作業から解放されたとき、ふだん感じている気持ちがそのまま表に出るものだ。会社の休憩所から離れて休憩する者は、会社に対して疎外感を感じているからだ、もしくは、会社に対して自ら距離を取っているからだ、ということはできないだろうか。「自分はこの会社の人間ではない」と認識しているから、社員とは別々に休憩をとる。休憩が終わると、どこからともなく日本人社外工が、一人また一人と工場内に戻ってくる。ブラジル人はしゃべりながら、時にはふざけ合いながらラインへ向かう。日本人社外工は、無表情の者が多い。

雇用の創造

花巻さんが退社を決めてから一週間後。七月一一日の夕方。といっても今週は夜勤だから起きたばかりの出勤前に、朝ごはんの菓子パンをかじりながらテレビをつけると、今度の参院選比例区選挙の党首討論をニュース番組でやっている。

福島（社民党）「製造業への派遣を禁止しようという考えはないのか」。
安倍総理「あなたは事実を見ていない。六〇万の雇用を創造したということを」。
福島「首相は、その雇用の実態をどれだけ把握しているのか」。

「雇用の創造」と聞いたとたん、一三八組の人たちが目に浮かぶ。今の私には、無表情のままラインへと向かう日本人社外工たちの顔が、どうしても目に浮かぶ。

今月（二〇〇七年七月）の愛知県の有効求人倍率は二・〇三倍。先月に比べて〇・〇二ポイント下がったものの、五カ月連続で二倍を超え、実に四二カ月続けて都道府県で一位となっている。確かに、この事実を見れば「雇用の創造」がされているように思える。けれども、実際の中身はどうだろうか。日本人とブラジル人とは、置かれている状況が大きく違うということだけは確信できる。

日本人の社外工ばかり六人が退社した七月、その穴を埋めるように六人が入社した。二〇〇七年の一年間を通してみても、計二七人が退社して、ほぼ同数の二八人が入社した。一三八組の組長を含めた総勢三五人中、おおよそ二三人（六割強）が社外工で占められているが、この割合は、二〇〇七年の一年間、ほとんど変わっていない。その間の日当たりの生産数も、多少の増減はあったものの、大きな変化はなかった。つまり、この組における「雇用の創造」とは、辞めた人の埋め合わせ以上の意味はない。もし、一人も辞めていなければ、誰も雇われなかったはずだ。例えば、ブラジル人を一人クビにして次の日、新人を連れてきても、これは一つの「雇用の創造」だろう。そしてまた例えば、誰かが病気で辞めたあとで、埋め合わせをしても、これも立派に「雇用の創造」を一つ創り出したことになる。埋め合わせを「雇用の創造」などと形容されたら、この組の社外工は言うべき言葉を知らないに違いない。辞めていく理由がなければ、雇用は創造されないのだ。派遣は安定した雇用なのか。社外工の生活は地に足がついているのか。

余裕がないのは日本人なのだ。「雇用の創造」云々を語るのは勝手だ。でもその前にすでに、雇用の実態の中に日本人だけが辞めていく何かが潜んでいる。なぜ、日本人社外工ばかり自分から、しかも予定より短い期間で辞めていくのか。私はそれに引っかかる。もちろん、このままブラジル人にも注目はしていく。ただ、ブラジル人が休憩所でパーティーをしているのとは対照的に、ラインに向かうときに見せる日本人社外工の無表情や、トボトボとした歩き方は何なのか。日本人社外工を見ていると、何か大事なことを見過ごしているような気がしてくるのだ。

日本人社外工は何を考えているのか。一人ひとりを知りたくなった。そこには、何かはじめから別の問題が横たわっている気がしてならないのだ。

日本人社外工について、なんとなくは知っている。出稼ぎにきていることや、地方の求人倍率が低いこと……。でも、辞めていく理由については、個人的ないろんな事情などと大ざっぱにしか考えていなかった。仕事がつらいから辞めるわけではない。これは大きな発見だった。日本人を見なくては……。無口で無表情な日本人から、話を聞かなくては……。

八月に入ったころから、私は建物の外でも休憩した。日本人社外工は外にいる。島袋さんや平目さん、長友さん……。誰とも一度か二度、軽くしゃべったことぐらいはある。顔と名前、それと出身地やどこのラインで働いているか、それくらいなら知っている。最近入社した小川君を除けば、みんな私より長く働いている。長友さんや島袋さんは二年以上になる。この組の古株だ。それほどいて、なぜ正社員ではないのだろうか。辞めていかないなら、日々何を考えているのか聞きたい。ただ、彼らと同じラインで働くことはほとんどない。ラインのメンバーはほとんど固定されている。エレキ、ブルーノ、ミキオ、そしてダシルバ。私は彼らと楽しく仕事をしている。休憩中といっても、話の輪に加わる程度しかできない。ではどうするか。仕事の後で、アプローチするしかない。こういうときは、一緒に飲むに限る。

秋から冬にかけて、私の取材日記には、飲んだことが毎日のように書かれている。よく飲みすぎて肝心の話の内容を忘れたが。そんなときは、次回また飲みながら聞いた。まず楽しく飲んで、私のことをわかってもらう。それから本音を聞いたらいい。

取材日記から

八月二五日。土曜日、午後三時、島袋さんと会う。島袋さんのアパートに行き、ビールを飲む。まだ小学生前の小さな子供が三人いる。後で「島酒」（沖縄では泡盛のことをこう呼ぶ）も一杯もらった。初めてということで、奥さんが水割りにしてくれた。島袋さんは「僕はあまり島酒飲まないですから」。

八月三一日。（なぜかこのときだけ「比嘉」と呼び捨てで書かれている。おそらく、花巻さんの話に影響されて、そう書いた気がする……）。今日で八月も終わり。ミキオが有休で休み。そのため、三人で作業を始める。最初は〇四ラインで四パレくらい作る。比嘉がときどき加わった。比嘉から初めて話しかけてきた。「もうここ慣れました？」。その後いつものように三九〇に移る。徐々に人数が増え、あたふた氏が加わり、平目さん、そして島袋さんが最後に加わった。三九〇で九〇〇作る。仕事のあと、平目さん、島袋さんと自販機前でしゃがりこんでビールを飲む。平目さんはツマミを買ってきた。平目さんは、四〇歳。小樽出身。「三二歳までサッカーをやっていた」。八年ほど前に、愛知県にやってきて、知立の会社で働き、その後近くの会社で働いていたそうだ。島袋さんは、私より若い。今、二九歳。ジェイテクトは二年と三ヵ月。

その前は、滋賀県にいて、その前は広島にいた。今週もずっと前残業一時間。今日は後残業四五分。

九月一二日。夜勤。前残業一時間。後残業一時間一五分。仕事のあと、平目さん、島袋さんと自販機前で飲む。結局定食屋へ行き、一二時過ぎまで飲み食い。なんでも朝早くからやっているところらしく、漁師がよく来るそうだ。最後はカレーライスを食べる。島袋さん「これぜったいボンカレー」。計六五〇〇円。平目さんが支払った。

九月二六日。〇四ライン二パレのあと、三九〇ラインに入る。七八〇本。後残業なし。（中略）仕事の後、比嘉君、島袋さん、ミキオの四人で飲む。自販機のおばさんがまた（「ここで飲まないで！」とよく言ってくる）文句を言ってきた。缶ビール二本を飲んだあと、ミキオを送り、その後、島袋さんの家で飲む。妻、子供三人いる。上の子供の二人が、朝ごはんの野菜入りラーメンを食べだした。

島袋さん「食べないと大きくなれないよ」。長男「……もういらない」。島袋さん「食べなかったら後でヨーグルトなしだよ」。長男「……たべる」。

一〇月七日。日曜日。夕方六時、島袋さんの家へ行く。今日は、みんなで集まって島袋さんの家で焼肉をやることになっている。島袋さんの家に行くのは何度目だろうか。結構行っている。出席者、島袋さん一家・比嘉君・比嘉君の恋人・比嘉君の友人（沖縄出身。豊田堤工場で働いていて、もうすぐ満期。その後は沖縄へ帰るそうだ）・小川君夫妻・和田さん（昨年九月までジェイテクトの花園工場で働いていた。当時島袋さんと相部屋だった）・私。六畳くらいの部屋は、自分の座る場所を確保するのがやっとだ。

ビールは常温のものを箱ごと買ってきたばかりだ。まだ冷えていないビールで乾杯して、焼き肉は開始された。比嘉君は飲みながらも島袋さんの用意が悪すぎると怒っている。島袋さん意に介さず「ぬるくても、飲めればいいんですよ～」。そして（冷蔵庫の方を指さしながら）「みんな、ビールはあっちにあるんで、セルフでお願いします」。

小川君は札幌出身の二五歳。日に焼けていて長身で手足が長くてかっこいい。ジェイテクトまだ三カ月。比嘉君と仲が良くて、よく二人で携帯をみている。来月、愛知県刈谷市出身の女性と、隣の三河安城で結婚式を挙げる予定。お腹にはすでに赤ちゃんがいる。式は夜勤の週の土曜日。金曜の夜勤は出るつもり。式当日の朝までラインで働くことになる。「指輪忘れるかも」「結婚式は寝不足で寝ちゃうかもしれない」。

比嘉君の友人の携帯が鳴った。彼の横から少し酔った小川君「こっちは景気いいぞー！」。比嘉君「でも運転あぶねー！　片道六車線なんてありえねー」。島袋さん「こっち来て、インターって何って思った（笑）」。そしてまた比嘉君「こっちには絶対ずっとはいねぇ！」。

比嘉君と島袋さんは、何本飲んでもほとんど酔っていないようす。特に比嘉君は強い。小川君はすでにホオが真っ赤になり酔っぱらった顔をしている。ゴミ袋はビールの空き缶でいっぱい。生後一一カ月の赤ちゃんを抱いていた島袋さんの妻は、とっくにあきれ顔。最終電車で帰る。

一〇月二九日。昼勤。仕事の後、平目さんと二人で、会社近くの居酒屋へ飲みに行く。ミキオのアパートのすぐ近く。ビール二杯の後、熱燗を二合飲む。「最近日本酒飲めるヤツ少ないからなあ」と少しうれしそう。

一一月一六日。今日も終日〇四ライン。九〇〇本。残業一時間。長友さん、中学時代はサッカー部。高校で一年間柔道。空手も一年間やった経験がある。ダイエットということで昼ごはんは小ごはんにサラダと冷奴というものだった。昼休憩のとき、昔食べていた駄菓子の話などをする。四五歳くらいの中村さんが「そば粉にお湯を混ぜたものをおやつにしていた」と言ったから、みんな大受けした。年代的におやつも違うのかな。平目さんは、サッカーが好きなのでよくサッカーの話をする。

一一月から一二月にかけて、私は一人ひとりに事情を話し、インタビューをお願いした。一人も断らなかった。写真を断った人はいたが、そんな人ほどインタビューではたくさん語ってくれたように思う。怪しんだり、とりつくろったりもしなかった。おしゃべりになったり、よ

トヨタ営業益1.2兆円
中間期最高　円安・海外で好調
8社とも増収増益　中間決算
朝日新聞（07年11月2日）

く笑ったりと、仕事中とは違ってどこにでもいるような人たちだった。ラインで感じていることや会社について思っていることを、そのまま話してくれた。実感がこもった言葉だった。

一三八組の日本人社外工たちが望んでいるもの、それは何も特別なものではなかった。誰もが抱くような普遍的な希望だった。誰もが知っているような楽しさだった。けれども、望むものとは違う現実があった。だから耐えて耐えて、せめて現実にだけは流されないように踏みとどまっていようだ。

「トヨタ販売世界一」「ホンダ・マツダ過去最高益」「ジェイテクト前期経常益七％増」「トヨタ系七社増収」……。二〇〇七年、二〇〇八年、新聞を開くとこんな見出しの記事があふれていた。

愛知の製造業という日本で一番輝く光をよく見ると、その中に一三八組はある。その光をさらに近くで、目を凝らしてよく見ると、黒い小さな陰がいくつかある。彼ら日本人社外工は、そんな見えないくらい小さな黒点のようだ。だが、その小さな陰に焦点を合わすと、他の陰も見えてくる。すぐ近くに無数にある黒点。光の中に陰の集まりがある。そのまま焦点を合わし続けると、光の下に大きな陰がくっついているのが見える。光が大きくなれば、その陰も大きくなる。そして、その陰がなければ、光は輝かない。

第六章　日本人の出稼ぎ社外工たち

沖縄から家族五人でやってきた島袋さん

仕事のあと、ミキオと二人で自販機の前で飲んでいると、よく島袋さん（二九歳）もゆっくりと歩いてやってくる。仕事以外のときは、ニコニコというよりニヤニヤしている。作業着姿のままで、手には弁当箱を持っている。ニヤニヤしながらやってくると、当然のようにビールの自販機のところで立ち止まり、二〇〇円を入れ、五〇〇ミリリットルのロング缶のボタンを押す。缶を取り出しながら、「三五〇じゃあ、足りないんで」と言うと、私たちの隣にしゃがみこんで栓を開ける。「ではでは、おつかれさまあー」とニヤニヤしながら言って、私たちは乾杯する。

島袋さんもここで一本飲むのが大好きだ。ミキオもそうだが、島袋さんもものすごくおいしそうにビールを飲む。「冬でもやっぱりビールです。ビールがあればいいんで……」。島袋さんと言えば、ニヤニヤしてビールをうまそうに飲む。このイメージだ。

島袋さんは沖縄からやってきた。出稼ぎはもう何度もしているが、簡単には思い出せない。今回、沖縄から船に載せて車を持ってきたのには理由がある。家族一緒に住むためだ。派遣会社の用意した2DKの古びたアパートに、妻と子供三人の五人で暮らしている。そのアパートは昔、ある会社の寮だったらしく、社名がまだそのまま最上階の壁に残されている。廊下の手すりは錆びつき、ドアも郵便受けもベコベコにへこんでいる。

子供は上から長女四歳、長男三歳、そして二女一ヵ月。今は、妻が子供三人の面倒を家で見ている。「だから、連休が入ると（経済的に）キツイです」と、またニヤけながら言った。

一二月九日、島袋さんのアパートで、子供たちが走り回る中でインタビューは始まった。

もともと目立つことが好きだった。一つのエピソードとして話してくれたのは、小学二年生のころ、休み時間に素っ裸で校舎中を走り回ったことだ。なんとなく想像できる。学校はよくサボった。高校では、勉強よりカラオケやナンパに忙しかった。これも想像できるなあ。機械ばらしが好きだったから、地元の工業高校自動車科を卒業したそうだ。「でも、あとでそれを組み付けろと言われるとできないんですけどね（笑）」。ちょっとヘラヘラして言った。

私は本題に入った。しばらく話をしたあと、普段はニヤニヤしてしゃべる島袋さんが、ゆっくりと、そしてはっきりと言った。

「ジェイテクトを辞めても、後悔は絶対にしない」

何か会社に恨みでもあるような言い方だ。「この職場で長年働く意欲はない」と答える。後悔するとしたら愛知を離れること。友人ができたから、「後悔というよりはさみしさです」。辞めると決めたわけではないのに、島袋さんにとってここはいつか辞める場所になっている。なぜそう思ったのか。

「まず、まとまりがない。最初に飲み会の話を○○さん（ある社員）に振ったら、自分一人と七、八人だった。派遣は自分一人。去年の忘年会も自分一人だけ呼ばれました」。「平目さんは？」、「呼ばれてないです」。「長友さんは？」、「長友さんは飲まないから呼ばれなかったかも。でも、派遣と正社員との間には壁があります」。

私がいた一〇ヵ月間、社員から飲みの誘いは一度もなかった。仕事はものすごく真面目にしていたのに。仕方がないから、仕事のあとはいつも自販機の前で飲んだ。仕事中もほったらかしだから、「アフター5」もほったらかしか。一貫してほったらかしだ。飲みに誘われないくらいで……、ではない。どれだけ重要なことが抜け落ちていることか。一緒に仕事をしているんだから、一緒に飲むに決まっている。一緒に飲まない理由がわからない。

社外工の平目さんも言った。「(この組は) まとまりねーんじゃないの。だって飲み会少ねーもん！　飲みにけーしょんないもん」。飲むことによってまとまる、私はこの意見に大賛成だ。パチンコ工場にいたとき、仕事のあと、よくフィリピン人たちと公園で飲んで騒いだ。うるさすぎて近所の人に通報され、警察が来たこともあったが、そんなのはみんな慣れていて飲みながら逃げた。一番おしゃべりなジャネットは、逃げずに植木のところにしゃがんでこっちを見てニヤッとしている。逃げないのか？ と思って薄暗いなかよく見たら、パンツを下げてそのまま小便をしていた。隠れション。肝っ玉が座っている。私は笑いながら逃げるしかなかった。警察が去ると、ミシェルが言った。「ピンキーなんか、栄でヘリコプターに追いかけまわされたことがあるわ」。

06 ラインにての島袋さん

話がそれた。島袋さんのインタビュー中である。とにかく、仕事の仲間と飲むことはまとまりにかかわる。

そう言えば、一度だけ島袋さんたち社外工が、ブラジル人や社員を誘って居酒屋で飲んだことがある。そこで、ブラジル人の前でブラジル人が嫌いだと言いだした社員がいた。「ガッカリしたよ。でも、もう別に気にせんけど……」。どこかで聞いたような感想をミキオが言った。

島袋さんに仕事上で感じていることを聞いても、やはり「社員と社外工の壁」から話し始めた。

「(社員のいない)〇二ラインで何かあったとき、三九〇ラインの社員だけあとで呼ばれて説明がある。派遣には何の説明もなし。ミーティングは社員だけ。『かいぜん』を書くスペースすらない。……派遣で成り立っているのに派遣を大事にしてくれない。派遣の意見を取り入れない。いつかは辞めるんだろうとか、お前の替わりはいくらでもいるんだぞ、ってみられている」(『かいぜん』とは、職場やラインの改善個所を各自提案するための書き込み式の用紙のことを言っている。)

誰もが一緒に働く者を近くに感じる、感じたいと思っている。この純粋な感情こそが尊重されるべきなのに、ここでもそれを阻むのが社員と社外工の壁になる。社外工が呼ばれたミーティングは、私のいた一〇カ月間で一度だけあった。「(不良を作ったら)その人は自己責任を持ってもらう」という、社外工をさらに突き飛ばすような主旨だった。島袋さんが社員と一緒に休憩しない理由は、こんなところにあるのだろう。

ならば、正社員を目指せばいいではないかと言われるかもしれない。島袋さんにとって、内地に来て社員になるかどうかは大した問題ではない。社員に対して怒っているのではなく、社外工の扱われ方に対して怒っているのだ。

内地に来る際、島袋さんにとって何より大事なのは、「家族」と暮らせることだった。その条件で探していたら、たまたま愛知県のある人材派遣会社が目にとまった。まず単身で来た。しかし、「実際に愛知に来てみたら、そんなものはもとから存在してなかった。用意されていたのはワンルームだった」。沖縄のハローワークに問い合わせてみたが、自分で派遣会社の沖縄管轄の担当者に直接問い合わせるようにと言われた。家族を呼ぶことができないので、「初日から辞めたかった」。働いてみると、「工場の雰囲気は良く、ずっといてもいいように思えた」。しかし、やはり家族を呼ぶことが優先だった。二ヵ月間働いたあと、知人の紹介でジェイティーという派遣会社が紹介するこの工場なら家族で暮らせるということで、このジェイテクト田戸岬工場へ移った。何よりも、「家族」と暮らすこと、これがすべてだった。この工場へ来てから一ヵ月くらいして家族を呼んだ。

仕事で得たものはと聞くと、「我慢強さ」。「子供のため」と思って頑張る。と同時に、「あきらめも覚えた」。「今日の生産はこの数だと言われて、(仕事の途中で)この時間帯にこの数出来ているから、じゃあもっとみたいに言われた」。

また、「自分が習ったこともない機械を臨出(臨時出勤)でやらされた。やったことがない、と言うと、あっさり『じゃ、やってみて』って返ってくる。こういった理不尽なことが多い」。

「もし独身だったら半年で辞めている」職場だったが、「子供のため」と思い仕事を続けた。

働き始めて一年二ヵ月ほどたった二〇〇六年七月ごろ、正社員にならないかという話があった。しかし、その話はなぜか途切れて、そのままズルズル音沙汰がなかった。それから、約五ヵ月後の年末が近づいたある日、「明日試験あるから」と組長のマカコに突然言われた。「なんなんだよ今頃って思った。しかも、次の日にいきなり面接試験って。あ、こんな会社オレいらねえって思った。スーツも何もない。そんな会社に入りたくない。なーなーな会社」。そんな会社でも、一応面接は受けた。

社員と派遣との違いは？　と聞かれてこう答えた。「給料、だってボーナスあるじゃないですか」と、ニャッとして島袋さんは私に言った。試験には、受からなかった。何百人もいる社外工の中で、その半年間に社員登用試験を受けたのはわずか一二人。合格したのは一人だけというウワサ。一三八組が所属する第六課では、島袋さんだけ試験を受けた。

「チャンス問題だろ、それは。バッカだなあ島袋は」というのが周りのみんなの見方。でも、本人はほとんど後悔してない。社員になることより、「家族」と一緒に暮らすこと、そして第二の優先順位は、どこで暮らすか。

「ジェイテクトで骨を埋めるつもりはない。仕事するときは帰ることしか考えていない」。これが素直な気持ちだという。例え社員になっていたとしても、変わらないだろう。何よりも「家族」と暮らすことが大事。「家族、家族」と、まるでブラジル人のようだ。沖縄では家族で暮らせないのだろうか。私は「沖縄はどうですか？」と聞いてみた。「低賃金、全然仕事がない。一度来てみたらわかりますよ」と言う。

島袋さんの就職歴も多様だ。高校を卒業して一週間後には内地へ飛んだ。それから、内地と沖縄との往復の繰り返し。四日市、滋賀、富山、広島、そして今回の愛知。任期満了になったら帰郷する。それは、「内地にとどまるつもりははじめからない」から。島袋さんの経歴は、名古屋で生まれ育った私にはずしりと重い。例え家族が一緒にいても、内地にとどまるつもりはない。「家族」と「沖縄」、この二つの優先順位は、何があっても揺るがない。いつも、ニヤニヤしてビールを飲んでいる島袋さんがどういう人なのか、私は少しわかった。

島袋さんはまだ一度も、「家族」と「沖縄」の、その両方を手にしたことがない。景気回復のためには「雇用の創造」が必要だとよく耳にする。その雇用とは何か。誰の、何のための、雇用か。

二〇〇九年九月八日、メディアは一〇月からトヨタが一年四カ月ぶりに期間工の採用を再開すると、明るいニュースとして伝えた。陰がなければ決して輝かない光。一度でいいから、島袋さんに光は当たらないのか！

島袋さんは、二〇〇八年一月に会社を辞め、家族そろって帰郷した。辞めてからは、那覇市のコンビニでバイトを少ししたあと、知人と念願の「とんこつラーメン」の店を出したが、比嘉君によれば「半年でクビ」になったそうだ。同じ沖縄出身の比嘉君いわく、「あの人は飲むことしか頭にないからダメっすよ」。

派遣で全国を歩く比嘉君

「いつも注意しているのに全然直らない。沖縄から出て来て、頑張るしかないじゃないですか。沖縄では手取り九万とかザラなのに、こっちでは二五万とか。頑張るしかないじゃないですか。でもあの人はウダウダ、ただビールが飲めればいいみたいな。沖縄の人じゃなかったら完全に無視ですよ、あんな人。ぶん殴ってる」

「飲むことしか頭にない」。島袋さんをこう言っていつも叱る青年がいる。同郷で島袋さんより六歳年下の比嘉君だ。

一一月下旬と一二月上旬の二回、仕事帰りに彼の車の中で話を聞いた。「（インタビューに関しては）全然いいですよ。話せる範囲なら」と承諾したが、写真については「勘弁してください」と笑って言った。高校を卒業してすぐの四月一日、内地へ飛んだ。そのときの母の言葉、「二度ともう帰ってくるな」。

「一度行ったら（行ったからには）就職しなさい、みたいなこと言うんです。沖縄では一度内地へ行くと嫌われますからね。……沖縄ではあまり内地へは行かないほうがいいと言われますね」。

どうしていかないほうがいいのか。「（内地は）給料がいいから、こっちで就職しようという願望がなくなるんですよ」。そうすると内地に住むようになる。内地に定住でもしたらよけいに嫌われる。でも、高校の友人も周りの友人も、「みんな内地へ一回は行っている」。

内地での仕事は、やるなら車関係と決めていた。高校時代は三年間ガソリンスタンドでバイト。理由は「いろんな車が見られるから。たまに高級車とかくるとうれしい」。時給は七〇〇円。「時給はめっちゃ安いですよ」。

その言い方から、関西で働いていたことがすぐにわかった。ジェイテクトへは知人の紹介で来た。「たまたま」だった。働き始めて一年がたったが、得たものは「なにもないですね」と、何かを嘲笑うかのように即答した。

仕事について聞いても、「難しくもなんともない」。単純繰り返しの仕事に対しては、「何も感じないですけどね。速く多くって感じ。他の工場も大体そんな感じですね……」。

最初のうちはそっけない返事ばかりだったが、仕事の内容について聞いてみたら、少しずつ語りだした。他の会社と違う点。「機械が壊れてもすぐに来ない。自分たちで直す。他の県では一回もやったことないですよ。失敗とかしたら何かとクレームが来る。本来クレーム処理は組長の仕事。でも、ここは組長がやる仕事を自分たちがやる。正直言ったら組長いる意味ないっすよ。他のところはブザーが鳴ったら、すぐにリーダーなり組長が来る。下にやらせる意味がわからない」。

ラインについてはどうだろうか。「どうやったら早く終わるだろうかとか、こうしたら速く流れるんじゃないかとか、ここはこういうふうがいいんじゃないかとか、このメンバーで流すのはどうなんだとか、（仲の良い社外工の）小川さんとはいろいろ話すけど、リーダーには話さない。言っても無駄だと思うんで。言っても聞かないだろうと。そこでまたゴタゴタがあってもこっち的には迷惑。ゴタゴタあってラインが止まるよりは、遅くても動いているほうがいいじゃないですか」。

やはり、仕事に関して言いたいことはたくさんある。一年もやっているわけだから当然だろう。けれども、それを社員や組長に話すまではしない。どこか一歩引いて見ている。これは、他の社外工にも共通していた。言いたいことはあるけれど、上に言うまではしない。長友さんも言う。「もめごとが嫌いなんで」。私と花巻さんも、マカコに言われるがままに検査をした。文句も提案も一切言わなかった。

比嘉君は、会社と距離をとっている。なぜか。「オレは愛知県では就職は考えてないんで」。

島袋さんのように、比嘉君にも正社員登用の試験を受けてみないかという声がかかった。けれども、「(正社員に) なる気はないって答えた」。試験は受けもしなかった。

そんな話を蹴ってもったいないなんて、これっぽっちも思っていない。ジェイテクトの正社員になる、ならないの話の前に、「まず場所がきらいですね、この高浜自体が。何をするにも不便。居酒屋も閉まるの早いし」。はじめからここにとどまる気はない。はじめから正社員の話なんか頭にない。気になるのは、居酒屋が遅くまでやっているかどうかだ。それならばと思い聞いてみた。

「あ、じゃあさあ、社外工の時給はどれだけ長くいても一五〇〇円以上は上がらないでしょ。それはどう思う?」、「長くいる人は不満だろうけれど、長くいるつもりはないから別に何も思わない」。そんなことよりといった感じで続けた。「先月 (残業が) 五二時間っすよ。今まで一番長い」。

私は無意識のうちに、「派遣」と「正社員」とを関連付けて考えていた。けれども、比嘉君の中では違う。「内地」と「沖縄」で考えている。「沖縄」でないなら、派遣も正社員も同じなのだ。彼の言う内地に来たからには頑張る、の「頑張る」の意味は、決して正社員になるという意味ではない。「長くいるつもりはない」から、あくまで内地にいる限りは頑張るという意味だ。島袋さんと優先順位が同じだ。「沖縄」と「家族」。

「二度ともう帰ってくるな」と母に言われてから、五年以上が経った。何かに固く誓ったかのように、まだ一度も帰っていない。一度内地へ来たからには、「頑張るしかないじゃないですか」。私は内地でのこれまでの五年半について聞いた。日本中を渡り歩いていた。島袋さんの出稼ぎは、内地と沖縄とを何度も行き来するものだが、比嘉君はそういった「甘さ」を一切排除した、燃え尽きるまで突っ走る出稼ぎだ。「長くいるつもりはない」場所で頑張ることがどれほどつらいか、渡り歩いたその数が物語っている。

＊神奈川。理由は「父が東京にいて、何か困ったことがあったら連絡が取れるから。まだ卒業したてなんで、もし『失敗』したらおやじに金借りて帰ろうかな」と、「失敗」という言葉を使った。卒業したての四月一日に来て、仕事は四日から始まった。仕事はステアリングの製造ライン、時給一三〇〇円・一年勤務。

＊東京羽村市。「父がいるから」というのが理由。仕事はエンジンの組み立て。時給一四五〇円・半年勤務。

＊千葉。「東京ディズニーランドへ行きたかったから」。クーラーガスの製造、時給一二五〇円・三カ月勤務。

＊埼玉。自動車のライトの組み付け、時給一五八〇円・半年勤務。

埼玉から派遣会社を替えた。理由は「五勤二休の仕事をしたかったから。四勤二休は休みが多いじゃないですかあ」。それにしても、これでもう四都市目だ。めまぐるしく替えるから「なんで埼玉？」と聞いてみたら、「埼玉スタジアムへ行きたかった」。いつも違う場所へ行くのには、それなりの理由がある。「次の目的地に何があるか調べて、休みの日に暇にならないんなら行こうかなって。時間つぶせる場所が近くにあるところ。だから、今の愛知は大失敗ですよ。何にもないですよ。そろそろ辞めどきですね。飽きてきたんで、愛知に」。

＊静岡。「富士急ハイランドへ行きたかった。ただただ、遊園地へ行きたかった。楽しいっすよ」。比嘉君は本気で言っている。仕事は三菱系の車のシートを倒すレバーの製造、時給一二五〇円・一年勤務。

＊大阪。「吉本新喜劇のライブがあるのを聞いて」。仕事は自動車塗装の仕事、時給一一〇〇円「夏冬ボーナスが一〇万円あった」・半年勤務。

＊奈良。「公園行けば鹿とかいるし。奈良公園や大仏とか」。仕事はスズキと日産の車のタンクの製造、時給一六〇〇円・三カ月勤務。

「きつかったところは埼玉・奈良・静岡。残業六五〜八〇時間以上」。過労死ラインに近いかそれ以上だ。そのラインも彼にとっては、頑張りどころの設定値みたいなものだ。「面接のときに、残業については確認している。ここは残業当たり前だよとか」。
奈良の次に来たのが、愛知県のいまのところ。実に八カ所目だ。ちょうど一年が経過。「飽きてきた」。この一年で得たものは「何もないですね」。

派遣の先々でタオルを買ったらこんなにと、比嘉君

比嘉君の職歴は、あるブラジル人に似ている。六年間帰っていないイケ面ブルーノだ。年齢も日本中の都市を移動してきた職歴も、共通点が多い。でも、一つ大きく違う。比嘉君は最優先の「沖縄」を手放して、内地へ来た。ブルーノのように「自由」がほしくて来たわけではない。比嘉君は内地にいる限り「沖縄」は決して手に入らない。ブルーノは「自由」を手にしたくて日本へ来た。何かを手放した者と、手に入れた者。休憩中に感じた日本人社外工とブラジル人との違いは、まさにこの違いだったのだ。

「雇用を創造」し、ラインをやってくれる人なら誰でもいいという愛知の製造業。日本人がその中で働いて、なぜブラジル人より余裕がなく不幸に感じるのか。

それは、「最優先」のものが、手に入れられない場所だからだ。最も大事にしているものを手放してやってきた場所が、日本で一番明るく照らされている。この矛盾の中で、比嘉君は働いている。こんな場所で正社員になれるわけがない。なっている場合じゃない。「雇用の創造」＝派遣は、誰のために存在するのか。

二〇〇九年一〇月、トヨタがまた期間工を採用し始める。トヨタ系グループもそれに沿う。雇用が生まれ、景気が上向くだろうとメディアは言うかもしれない。その雇用の内容が問題なのだ。誰の、何のための雇用か。

比嘉君は高校を卒業してすぐ、最優先の「沖縄」を手放した。「沖縄」はいつ彼の手に戻るのか。比嘉君にとって、本当の「雇用を創造」とは何か。雇用はジェイテクトの工場になんかにはない、ということだ。

正社員を拒む長友さん

「日本人ですか。ポルトガル語わかるんですか」。働き始めて五カ月目のある日の休憩中、ちょっと遠慮がちに聞いてきたのが長友さん（二五歳）だった。スペイン語なら少しわかると言うと、「あ、ポルトガル語とスペイン語って少し似てますものね」。この組では珍しくいつもニコニコしている日本人だから、私も彼のことが気になっていた。それに、この組で一番仕事ができると言われていて、社員からも一目置かれていた。

長友さんとは同じラインで働いたことは二、三回しかなかった。そして、彼はお酒をまったく飲まない。仕事のあとはほとんど毎日パチンコしているという。休憩中だけだったが、私たちはだんだんと話すようになった。ある日、長友さんは昔の恋話をしてくれた。

一九歳のとき、安城市にあるプラスチック成型の工場で働いていた。ブラジル人ばかり一〇〇人。ほとんどが女性だった。そこで恋人ができた。彼女は一六歳。付き合ってわずか一カ月だった。彼女は家族の事情で急きょブラジルへ帰ることになってしまった。一緒に来てほしいと頼まれたが、行く決心がつかなかった。そして、そのまま別れてしまった。「そのときは一九だったし、お金もなかった」。

彼はその工場で、一〇〇人ものブラジル人と一緒に二年半、派遣労働者として働いた。そんな経験も影響してか、彼はブラジル人に親身で好かれている。とくに同じラインで働いているおしゃべりロドルフォや太っちょイゴールからは、よく長友さんの名前が出てくる。ロドルフォとイゴールがマイペースで仕事をしているのも、長友さんの存在が大きい。あるブラジル人は長友さんにこう言った。「日本人みんな怒ってる。あなただけニコニコ」。

一二月。日曜日の午後、ブルーノたちと飲みに来たことがある、名鉄三河高浜駅前の小さな

長友さん、「後姿なら」という条件で撮影

ブラジル料理屋で話を聞いた。料理屋と言っても、ファーストフード店っぽい感じで、日用雑貨や冷凍肉が売っているスーパーと店内で繋がっている。長友さんもここに来たことがあるらしく、サイコロステーキと玉ねぎの炒めものを頼むと、「ブラジル料理ってうまいっすよね」と私が嬉しくなるようなことを言った。

彼の故郷は、宮崎県都城市。家庭の事情で小学校のときに愛知県に来た。一六歳のころ家族は宮崎へ帰ったが、長友さん一人だけ「彼女がいたから愛知に残った」。高校中退後、刈谷市にある鉄筋屋で働き始めた。「日当八〇〇〇円スタートが、三年後には一万一〇〇〇円になった。車の免許も取った。でも、他の組（同じ会社内にいろいろな組があるらしい）の先輩は、一万四〇〇〇円もらっていて納得いかなかった」。三年後に退社。そして、安城市にあるプラスチックの成型工場に二年半。「稼げなくなって辞めた」。

彼はどんな職場へ行っても、真面目に一生懸命働きそうだ。いわゆる、学校の勉強はできないかもしれないが、仕事への対応力はとても高い。それに、うらやましいくらいにものすごく体力がありそうな体つきをしている。この工場に来たときも、「楽勝かな。一週間で全部できるようになった。こんなラクで金もらえる、って思った。『いいのが入ったな』って組長も言っていた」。

すぐに組の主力になった。それからもう四年になるというのに、ずっと社外工のままだ。なぜ正社員にならないのか聞いてみた。

「ずっとこっちで暮らそうとは思わない」。島袋さんや比嘉君と同じ価値観だ。いつかは宮崎に帰りたいという。小学校のときから愛知県にいても、その気持ちだけはまったく変わらない。宮崎には車イス生活の兄と、世話をしている父が待っている。

組長のマカコから、社員にならないかという話は「ボンボンきます」。「（マカコは）社員にしたいみたい」。そういう質問に対しては「かわす」という。

四年もいるなら、なぜ正社員になろうとしないのか。聞きたい。故郷→愛知→正社員。この流れが私は正しいとは思わない。けれども、それは時代の流れであり現実の波なのだと、心のどこかに抵抗しきれないものとして感じている。

ところが、彼の次の言葉を聞いて、その流れが自然だと思ってきていた自分が、洗脳でもされていたかのように感じた。景気のいいところで正社員になることを、真っ向から拒否する理由がある。長友さんもまた比嘉君のように、「愛知県」だから正社員にならないのだ。

「愛知県の人は顔が死んでいる。顔が暗い」

言いたい放題だが、彼が感じていることだ。実際、この組の正社員の顔は「死んでいる」ように思える。

「（愛知の人は）自分でいっぱいいっぱい、なのだと思う。宮崎の人は、人見知りがない。人がいい。中学のときには違いは感じなかったけど、今は感じる。愛知県の大人は、表情が硬いんですよ。社員はみんなムッツリしてるし、そんな疲れることあります？」

では、なぜ宮崎に行かないのか。怒ってそう言いだす愛知県民もいそうだ。でも、聞いてほしい。もちろん仕事が少ない。宮崎県では二〇〇八年に〇・六倍だった求人倍率が〇・四倍にまで下がった。何十ヵ月も求人倍率が日本一高いところとはわけが違う。そういう数値がまずある。

でもそれより、感情に根ざす言葉の方がより理解できる。鹿児島出身の中村さんが、タバコをふかしながら、ある日の休憩中にボソッと言った。「金がないから、動けんだけだよ」。四〇代半ばの中村さんは、長友さんより長くこの組にいる。流れに逆らえずに流れの中にいる。ただ、流されないようにジッと踏ん張っている。正社員となって流されていくのは簡単だ。長友さんも横で黙ってタバコをふかしている。

長友さんと中村さんは同じアパートに住んでいて、よくパチンコへ一緒に行くそうだ。また中村さんがボソッと言った。「パチンコぐらいしかやることがないだけだよ」。長友さんは仕事のできる人だった。いつか、宮崎で、宮崎の人たちと、笑顔で仕事ができるだろうか。

ズサンな人間関係を嘆く平目さん

日本人社外工として最後にインタビューをしたのが平目さん（四〇歳）だ。一二月中旬の日曜日。長友さんのインタビューのときに使ったブラジル料理屋で待ち合わせた。平目さんとは、仕事帰りに本当によく飲んだ。話の合う楽しい人だった。ただ、仕事上ではほとんど同じラインで働けなかったのが、とても残念だった。そんな事情もあり、私は平目さんへのインタビューを楽しみにしていた。

平目さんが店に入ってきた。ロヒゲを生やして、髪はオールバックに固めている。いつものスタイル。そして、今日は普段よりちょっと上質なセーターを着て、八〇年代ファッションで決めている。とりあえず私は「ドイスショッピ（生ビール二杯）」を注文した。

「もうホント、みじかくしてくれよー」

照れたように、でも少し本当は嫌そうな口調で言ったところからスタート。写真は拒否した。平目さんはウソを言ったり、とりつくろったりするのが大嫌いな人だ。あせらずに、まずは冷たいビールで乾杯！

昔からサッカー一筋。高校時代は「ガン飛ばしながらドリブルしてよお！　四、五人抜いた」と言って、ガンを飛ばす真似をして笑った。そんな不良っぽかった面影も見えるが、ニカッ（ニコッではなく、ニカッである）と笑ったとき、目が細くなりしわくちゃのやさしい顔を見せる。心やさしい人なんだよな本当は、と一緒に飲むたびに思う。

高校一年の冬休みから三年の秋まで、ホテルのボーイのバイトをしていた。「おいおい、そんなことまで訊くのかよー」。ムッとして嫌がった。昔のことはこれくらいにして、本題に入ることにした。

平目さんは四〇歳。北海道小樽出身。「福井県敦賀までフェリーで来た」。そこから、仕事の面接で一緒だった人の車に乗っけてもらって来た」。敦賀港から車で愛知へ。同じ北海道出身だった花巻さんを思い出す。

高校卒業後、小樽の総合容器メーカーに就職。一三年間勤めたが、人間関係で辞めた。それから、埼玉で仕事を見つけたが群馬へ転勤。群馬では上司とぶつかって退社。「遊ぶところないし、田舎だもん」。仕方なく帰郷。小樽のハローワークでも仕事を探したが、なかなか見つからなかった。「安いもん、北海道」。そうして、「給料いく書いてた（高給だった）」愛知の製造業へ足を踏み入れた。愛知県の製造業はここが三社目だ。大好きだったサッカーは、この頃からしていない。長年勤めた会社を辞めた年齢から、出稼ぎを始めた年齢、最初の出稼ぎは関東圏だったこと、そしてそれまでしていたスポーツを止めたことまで、同郷の花巻さんとよく似ている。

ジェイテクトについては、「いいところだよ」。島袋さんたちとは違う意見だ。「年金もある。社会保険もある。有休もある。（以前いた）トヨタ車体は有休なかった」。

仕事に関して思っていることを聞くと、「そんないっぱいあるべよー」。話しだしたら出てくる出てくる。これだけ経験のある人だから当然だ。全部聞きだしてやる。「マイゾーパラダイス！（もう一杯ずっ！）」、私はビールをもう二杯注文した。

「なんだかんだ言って一番不思議なのは、メンテナンスをしっかりやってないところ！　製造は一日作ってなんぼなのに、一年に一度か何度かはオーバーホール（機械の総点検）しなきゃいけない。摩耗している個所とか減るのが普通だと思うよ、オレは。こっちは壊れるまでやるでしょ。機械いじり好きだから自分でバンバン直しちゃう。小さな修理ぐらいこっちにもやらせろよ」

なぜ、そう組長たちに直接言わないのか。「リーダーを呼び出したら、どうしたんだって言ってくると思ったら、山田（マカコ）が来て、『お前、なに壊してんだよ！』って言われた。こっちは（はあ？　お前、こうなる前に取り替えろよ！　消耗品だから壊れるのあったりまえじゃんねえ！摩耗してなめる「すり減る」んだもん）何だって思った。オレが社員なら絶対言ってるよ。だからメンテナンスがなってないって感じる。ネジにハンドルが付いているヤツ。摩耗する。なめって（すり減って）しまって回っちゃう。消耗品だから仕方ない。でも派遣だから、言いたいことまで我慢する」。長友さん、比嘉さんと同様、「もめごとがいやだから、遅くても流れる方」を選ぶ。

正社員と派遣との差別についても聞いた。「それは仕方のないことでしょ。いつまでやってくれるのかわからないんだから。半年で辞めるのか、一年二年いてくれるのか。だから、ライン仕事をきちんとやってくれる以外のことは望んでないんじゃないの。別に（ミーティングに）入ったって給料上がるわけじゃねーし。オレがた（オレたち社外工）もミーティング出てえってヤツいないと思うよ。オレは文句たれるし、前の会社（小樽の印刷工場）でも査定は低かった。そういった査定があるから、社員はみんなイエスマンになるんだと思うし、オレがたから言わせれば、なんでこんな（遅い）時間からかんばん（生産予定数を表す札）増やすんだよ！　って思うけど社員は『ハイッハイッ』になっちゃうよね」。

これほど、いろいろ言いたいことがあるのに、「派遣だから、言いたいことまで我慢する」というこの会社との距離感。やはり、もっと思っていることがあるはずだ。社員になればいいのでは？「うーん……考えるな、でもやっぱり」。何かにひっかかって躊躇している言い方。「ほどほどに残業あればいい。週に一回くらいは定時で帰らせろよ、みたいな」。これについては花巻さんと同意見。アメとムチ、ここにはアメがない。

社員に言いたいことは何か。「オレの意見よ」と前置きして言った。「一緒にメシを食うのが当たり前！　でも、ここはみんなバラバラ。一人でメシを食うヤツもいる。昔の会社では『おい親志！　半分ラーメン食うか？』とか先輩に言われた。『親志《ちかし》』って名前で呼ばれてた。今はみんなバラバラ。まとまりねーんじゃないの。だって、飲み会少ねーもん！　飲みにケーションないもん！」。

この本音が聞きたかった！　一三八組の社員はみんなイエスマンばかりで、言われたノルマをこなすだけだ。それに加えて、「みんなバラバラ」。つまらなくて張り合いがない。平目さんにとって、こんな会社はばからしいに違いない。昔の会社が懐かしくて仕方がないだろう。アメとは張り合いのことだ。充実感のことだ。ボーナスや正社員になることではない。花巻さんは「評価」がない扱いに失望して、退社した。この組はアメの意味をわかっていない。つまり、アメがない。

一緒にメシを食うこと、一緒に飲むこと、平目さんにとっては「当たり前！」のこと。でも、それを実際にやっている社員がいない。あり得ないようなことが、抜け落ちてしまっている。それが不満なのだ。

私は花巻さんの言葉を思い出す。「ここの社員は帰るのはえーな。挨拶も何にもしねーよ。人との関係ないもんな。オレ、そういうの嫌なんだよね」。長友さんも言っていた。「社員になるなら、ずっとその会社にいたくなる」。

希望を消さないための抵抗

ある、西三河地区の人材派遣会社の営業課長は、こう言っている。「この辺でジェイテクトよりいい（待遇の）とこないよ。もしあったら教えて」。

この営業課長の言うとおり、ジェイテクトの待遇は、愛知県の製造業の中でもとくによい方だった。深夜手当や時間外労働、休日出勤時の時給など、トヨタ系グループ会社と同等か、それ以上だった。しかも、どのラインも忙しく、残業は毎日必ずあった。

それにもかかわらず、ジェイテクトで出会った日本人はすべてが、正社員になることに否定的だった。彼らが望むものに違うものなのだ。島袋さんはジェイテクトを「刑務所」と呼び、比嘉君は「絶対に戻りたくないところ」と言った。

二〇〇九年、西三河地区の駅前からは、こんな演説が聞こえてくる。

「雇用対策とは景気対策です！　景気対策とは雇用対策です！」

雇用を増やすことで社会がよくなるのだ！　愛知県の製造業を、また光り輝かせるのだ！とマイクを握りしめて声を張り上げる。まるで、二〇〇七年と同じ状況を目指すことが、絶対命題のように語られる。それを聞く市民は、「トヨタがダメだで、まあしばらくはダメだわ」と嘆きつつも、様子見の姿勢でいる。

二〇〇九年九月、トヨタが期間工の採用を再開するというニュースが流れた。メディアはそれを、大変喜ばしいこととして報道した。愛知の製造業に、再び光が灯りはじめたかのように伝えた。二〇〇七年当時の愛知県西三河地区の製造業。あれが理想なのか。あのとき「雇用の創造」によって、働きにきた人たちは誰だったのか。

私はこれだけは言っておきたい。花巻さんや比嘉君たちがここに来るからには、彼らの人生がかかっている。故郷を離れ、フェリーに何十時間も乗り、家族と別れ、親からは「二度ともう帰ってくるな」と言われ、身一つでやってくるのだ。そして、何一つ抵抗せず、どのラインのどの工程に組み込まれても、三〇数秒に一つ、製品を作り上げていく。何の評価もないまま、昼も夜も追い込まれる。だが、作られていく一つひとつの製品の中には、彼らの希望を消さないための抵抗が刻まれている。彼らは特別なことなど何も望んではいない。仕事に対する評価、家族、故郷、笑顔、一緒にメシを食うこと……。しかしここには、彼らにとって「最優先」のものが何一つ存在しない。そのことを知り、それでもなお、流されまいと耐えて耐えて抵抗しているのだ。モノ作りの現場の中に、どれほど多くのものが欠けていたことか。

私は、光り輝く愛知の製造業の中の、この一三八組の中に、確かに希望を消さないための抵抗があったことだけは証言しておきたい。

惜しまれつつ退社

一二月一四日。私にとって仕事の最終日。三日前、カルロス（三二歳）という名前のブラジル人が入社した。私の替わりだ。彼のブラジル人の妻もジェイテクトで働いているという。

朝から〇六ラインへ回される。運搬のケンジとしゃべっていると、比嘉君が「もう池森さん、辞めていくからって、しゃべりすぎっすよー」と言いながら、私のところをヘルプに入る。なんだか一日中ソワソワしてしまって、仕事が手につかない。退社する日はそんなものだ。その

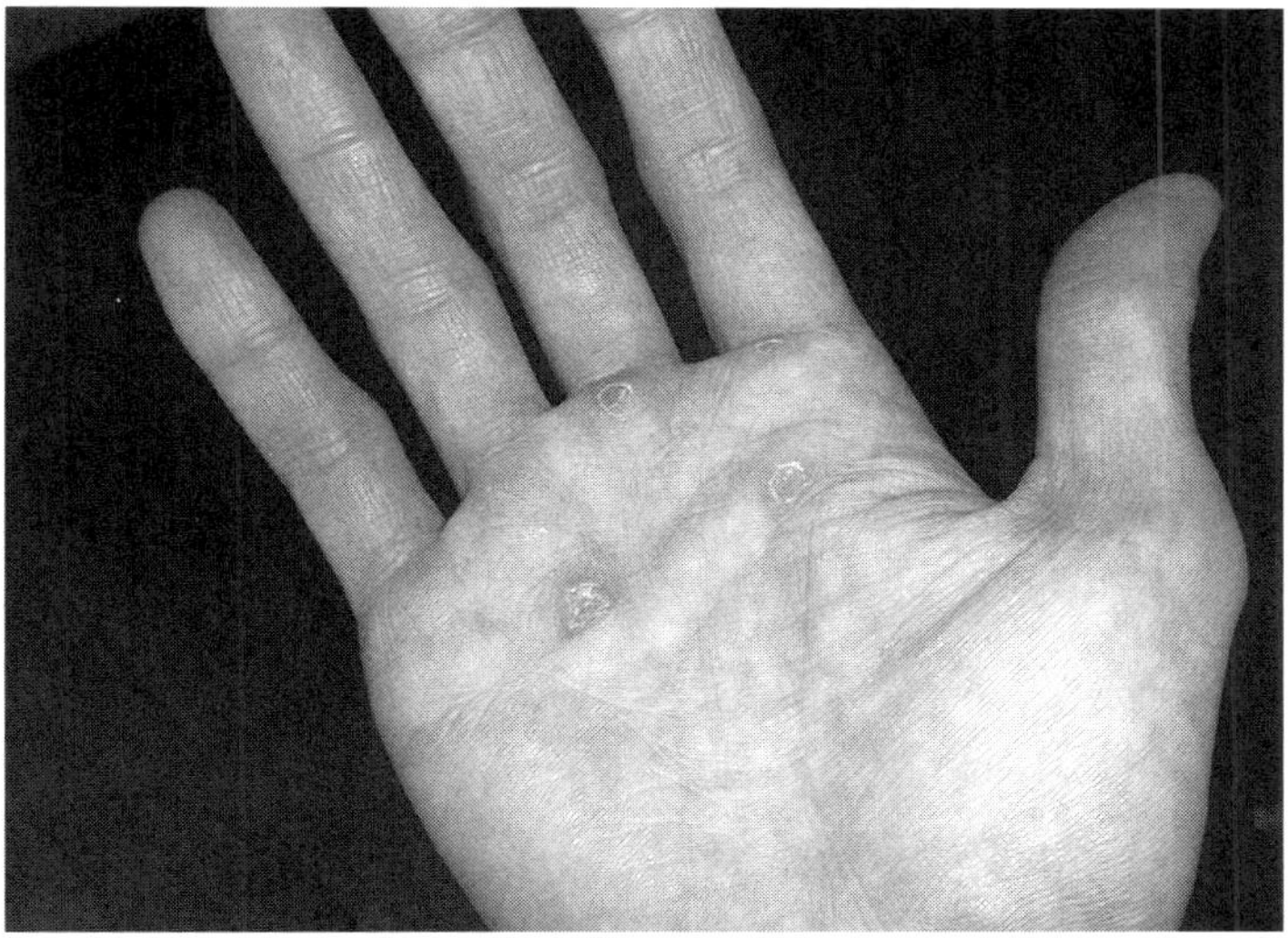

私に残ったもの、手のマメと忘れられない出会い

まま、最後のパレットも終了。アッという間の一日だった。いつものように、予定の数を作って終わり。終わると実にあっけない。

電光表示板に光る「生産数」や「進度」の数字が、急に遠くの世界の、まったく意味のないもののように思えてきた。あれほど「進度」を気にしていた自分が、まるで別人のように感じる。終わるとこうも見方が変わるものか。

「いやー、さみしくなります」、島袋さんがニヤニヤして言ってきた。勤続三二年のベテラン社員・赤木さんと目があった。挨拶に行くと、こう言った。「みんなに惜しまれつつ辞めるのは、あなたが初めてだよ」。

他のラインへ行って、一人ずつ挨拶をしていく。まだ動いているラインもある。三九〇ラインでは、平目さんが腰を落として、歯を食いしばりながらシャフトの圧入をしていた。平目さんは私に気づくと叫んだ。「おんめえ、ここあいてっからやってけぇー！」。私はやりたい気持ちを抑えて、笑顔で一礼し、手洗い場へと向かった。

あとがき

二〇〇八年秋、ジェイテクト田戸岬工場は大量解雇に踏み切った。毎月三〇人、四〇人という単位で社外工が解雇されていった。一三八組では、年末までに四人しか残らなかった。翌年二〇〇九年一月、その四人も解雇された。一番仕事ができた長友さんも、その中の一人だった。この工場に二〇〇人近くいたブラジル人は、「全滅したよ」と夏ごろ小松の通訳・タナカさんから聞いた。

正社員だけとなった一三八組は昼勤だけとなり、六本あったラインも、今年（二〇〇九年）からは一、二本しか稼働していない。正社員も四〇歳以上はクビにされている者がいるとのウワサも聞いた。この組で出会った人たちはバラバラになったけれど、彼らの願いを私は一生忘れない。

ミキオ・ウエムラ。帰国してから半年後の二〇〇八年六月、五度目の来日。横浜にある工場で働いている。

おしゃべりロドルフォ。二〇〇八年一一月解雇される。二〇〇九年になって、愛知県小牧市の菓子工場で働きはじめる。「毎日残業は二時間ある」。

イケ面ブルーノ。二〇〇八年一月、自転車事故で手をケガしたため退社。その後、アイシン高丘で働くが、二〇〇九年一月解雇される。同年夏、仕事があるという茨城県へ引っ越しした。

いいやつエレキ。二〇〇九年一月解雇。現在は愛知県安城市の自動車部品工場で働いている。ジェイテクトで働いていた父は一時帰国したが、再来日した。

モジャモジャ頭の大男・カイオ。二〇〇八年一一月解雇される。無職のまま、バガボンド（怠け者）でいる。電話するたびに「ケン、会いてーよー」。

花巻さん。退社後、派遣の仕事をしたが、健康診断でひっかかって帰郷。「その後は地獄だったよ。いろいろなんだかんだ仕事して食いつないだ。こっち（北海道）は派遣ってもんがないかんね」。二〇〇九年秋から函館の建設現場へ出稼ぎに行っている。建設完了予定は二〇一〇年五月。そのあとの予定は決まっていない。

島袋さん。二〇〇八年一月退社し、家族そろって帰郷した。コンビニでバイトを少ししたあと、知人と「とんこつラーメン店」を出したが、比嘉君によれば「半年でクビ」になった。現在（二〇〇九年三月）、契約社員として那覇空港で働いている。「めっちゃ安いっすよ。手取り一〇万くらいっすよ。（オレは）いやっすよ。やるわけないじゃないっすか」（比嘉君談）。「また、（内地へ）行くかもしれないです。行くなら家族で、ですけど」。

比嘉君。二〇〇八年一月退社。その後、奈良の自動車部品工場で働いていたが、「クリスマスの日に解雇通知された」。二〇〇九年二月、ついに、六年ぶりに帰郷した。「もうやり遂げました。思い残すことはないです」。

長友さん。二〇〇九年一月解雇される。その後、派遣の仕事があるという茨城県へ飛んだ。パチンコ仲間の中村さんは、大量解雇の前に正社員の試験を受け合格し、現在も一三八組で働いている。

平目さん。二〇〇八年に入ってすぐ、体調不良で退社した。その後、音信不通。

そして、私。二〇〇八年二月から、名古屋にある三菱電機系のグループ会社で派遣社員として働くが、二〇〇九年四月、派遣切りにあう。現在無職。

著者紹介

池森憲一（いけもり　けんいち）

1974年名古屋市生まれ。近畿大学建築学科環境デザインコース卒。大学在籍中から国際交流に積極的に参加する。卒業後は中国・インドなどを旅する。貴州省凱理市に語学学校「凱理市池森育才外語培訓中心」を設立。2000年ニューヨークへ渡る。アルバイト先の飲食店にてメキシコからの出稼ぎ少数民族ミステコ族と出会い、彼らの故郷の村を訪れる。

著書に『ニューヨークのミステコ族』（2003年トランスビュー）。

帰国後は、派遣・期間工として製造業で働き、労働者の側から出稼ぎ問題や雇用問題を考える。

出稼ぎ派遣工場―自動車部品工場の光と陰

2009年11月9日　第1刷発行

定　価　（本体1700円＋税）

著　者　池森憲一

装　幀　（株）クリエィティブ・コンセプト

発行人　小西　誠

発　行　株式会社　社会批評社

東京都中野区大和町1-12-10小西ビル

電話／03-3310-0681　FAX／03-3310-6561

郵便振替／00160-0-161276

http://www.alpha-net.ne.jp/users2/shakai/top/shakai.htm

shakai@mail3.alpha-net.ne.jp

印刷　モリモト印刷株式会社